Herbert Fritsche

Pan vor den Toren

Ulrich Burgdorf – Verlag für homöopathische Literatur

CIP - Titelaufnahme der Deutschen Bibliothek

Fritsche, Herbert:

Pan vor den Toren / Herbert Fritsche.

Göttingen : Burgdorf, 1989

ISBN 3-922345-35-2

Umschlagfoto: Carlo Greco, Fotosintesi S. R. I.

Druck: Druckerei Sourrouille, Göttingen

Bindung: Buchbinderei Kilanowski, Kassel

ISBN 3-922345-35-2

19.80

Herbert Fritsche / Pan vor den Toren

Inhaltsverzeichnis

Die Weisheit der Kellerassel

MENSCHEN, umgeben von Trägerkarawanen oder Hundeschlitten, das Fangnetz in der Rechten und die Lupe in der Linken, bestenfalls im weißen Mantel hinter Mikroskopen, umstellt von Tiergeripp und Totenbein, so sieht uns Zoologen der Film und das Witzblatt. So charakterisiert uns infolgedessen die Menge.

Auch ich bin Zoologe, und wer mich kennt, weiß, daß ich es mit Leidenschaft bin. Er weiß aber zugleich, daß ich weder fremde Erdteile bereise, noch deutschen Sommerwiesen durch Schwenken eines Schmetterlingsnetzes humoristischen Anstrich verleihe, ja, sogar einen Laboratoriumsmantel nur selten und ungern trage.

Der Beruf des Zoologen ist vielseitig und sieht – tatsächlich – ganz anders aus, als gemeinhin geglaubt wird. Wie jeder Beruf, trägt er eine kleine Krone. Dieses Krönchen funkelt auch für mich.

Ich sammle Kellerasseln. Ich züchte sie in Gläsern voller Erde, Rankpflanzen und dünner Kartoffelscheibchen, die ihnen zur Nahrung dienen. Ich führe eine Kartei über ihr Vorkommen und widme einen nicht unbeträchtlichen Teil meines Gedankenlebens den Gesetzen ihrer Verbreitung und ihres Lebenskampfes. Dabei bedarf ich weder der Tropenhitze noch der Polarkälte, weder des Fangnetzes noch des weißen Mantels. Überall, wo Steine herumliegen und das Erdreich genügende Feuchtigkeit gewährt, finde ich meine Tiere. Offener Blick, Einfühlsamkeit und ein Sammelglas sind mein einziges Rüstzeug.

Kein Verständiger soll die bis zu letzter Vollkommenheit vorgetriebene Methodik laboratoriumsbiologischer Forschung gering achten. Bislang glaubte man, die Fädchenstruktur im Nerven der Warmblütler sei eine Baueigentümlichkeit. Inzwischen hat sich herausgestellt, daß diese Fädchen nur beim präparierten und beim gereizten Nerven vorhanden sind, also im Leben entstehend, vergehend und wiederkehrend jenem großen Unbekannten dienen, der sie schafft, benützt und eines Tages verläßt, um sie seinem dunklen Bruder anheimzugeben. Solche Einblikke in das unfaßbar komplizierte Geschehen des Organismus sind nur möglich bei immer schwierigerer Verfeinerung der Methoden im Versuchsraum.

Einem Verständigen soll aber ebensowenig einfallen, über der Bewunderung mikrochirurgischer Rekordleistungen die ältere, noch weit ehrwürdigere Methodik zu unterschätzen, die jederzeit zur Verfügung steht und selten ihre volle Verwirklichung erfährt. Sie heißt: »Zum Sehen geboren, zum Schauen bestellt!« In der theoretischen Biologie unserer Zeit ist die bestfundierte Deutung des Rätsels Mensch unter dieser Goetheschen Devise zustande gekommen als Beweis, daß wir »mit Hebeln und mit Schrauben« weniger weit vordringen ins Niebetretene, als mit dem unverfälschten Blick, der die Schöpfung durchleuchtet, damit sie sich in uns erkenne.

Wo unser Haus im schweren, feuchten Boden wurzelt, wohnt die Kellerassel. Unter Blumentöpfen, faulenden Brettern und zusammengekehrtem Laub vom Vorjahr hockt sie mit Kind und Kindeskind als bucklig gekörnte, eselsgraue Schicht. Im kühlen Gewölbe benagt sie den Kork auf den Flaschen und schabt mit ihren Kiefern die Schalen der Kartoffeln wund. Sie steigt im Wurzelwerk des Efeus und des wilden Weins an den Mauern empor. Nachts wandert sie einsam über die blanken, asphaltenen Flüsse, auf denen die weißen Götter der Städte ins Ungewisse schwimmen.

Die Kellerassel ist Hüterin der Schwelle, über die wir hinabsteigen wollen zu Staub und Moder, zum Mutterboden, dem unser Leib entstammt und der ihn zurückfordern wird nach dem gleichen Gesetz, das auch über der Assel waltet. Kein anderes Tier vermag die Weisheit des Lebendigseins so einprägsam und unaufdringlich zu entsiegeln wie dies mißachtete Gewürm.

Noch der romantische Naturforscher Lorenz Oken, der gemeinsam mit Goethe eine vor hundert Jahren berühmte Theorie über die Ableitung des menschlichen Schädels aus umgebildeten Wirbeln aufstellte, sah in der Kellerassel einen Verwandten des feingeschuppten Silberfischchens, das über unseren Fußboden huscht, und des Springschwanzes, der weiß und winzig auf der Blumenerde, in der unsere Zimmerpflanzen wurzeln, umherhüpft. In Wahrheit sind aber diese beiden Mitbewohner unserer Räume flügellose Ur-Insekten, während die Assel im Hummer einen näheren Verwandten weiß. Gleich ihm ist sie ein Krebs.

Äußere Ähnlichkeiten täuschen im Tierreich allzu oft, wenn man aus ihnen auf Zusammengehörigkeit schließen will. Die genaue Kenntnis aller Organe und der Gesetze, nach denen ihre Formen auseinander ableitbar zu sein scheinen, ist Voraussetzung des Forscherstrebens, eine Verwandtschaft eben jener Formen zu ermitteln. Daß dabei heute noch genau so schwerwiegende Irrtümer geschehen wie zur Zeit des Romantikers Oken, beweist die soeben erfolgte Entdeckung der »Ur-Assel« durch einen italienischen Zoologen. Wie nahezu alle Urformen, auf die bisher von der Stammesgeschichte große Hoffnungen gesetzt wurden, erwies sich auch diese als ein Trug. Es handelte sich um die Larve eines Tausendfüßlers, also eines Tieres, das mit den Asseln nicht das mindeste zu tun hat, sondern zu einem selbständigen Stamm der Gliederfüßler gehört. Dennoch sah diese Larve in der Tat einer Assel beträchtlich ähnlich. Jedoch Aal und Schlange sehen einander ebenfalls ähnlich, und trotzdem wird niemand sie als Verwandte betrachten.

Das modrige Revier, in dem die Kellerassel lebt, öffnet sich vor unserm Blick. Da gleiten, auf sieben unter dem grauen Rückenpanzer verborgenen Beinpaaren, diese winzigen Tanks der Humuslandschaften dahin, bald wie urzeitliche Trilobitenkrebse, bald wie zusammengekugelte Gürteltiere anzuschauen. Nicht nur die beiden Arten, die mit Vorliebe Nachbarn des Menschen sind, die bleifarbene Kellerassel – Porcelio scaber, das rauhe Schweinchen, wie ihr wissenschaftlicher Name übersetzt werden muß – und die glattere, am Seitenrand gelblich gebänderte Mauerassel, Oniscus murarius, gibt es. Vielmehr birgt nahezu jeder Lebensbereich unseres Vaterlandes andere Arten. Im Sumpfboden der Erlenwälder leben rötliche Zwerge ohne Atmungsorgane, die wie winzige Obstkerne aussehen. Unter den Moospolstern des Waldes verbergen sich braune Kugler, die sich bei jeder Störung zusammenrollen. Auf den besonnten Steinen am Meeresufer ruhen gelbliche Riesen von Kürbiskerngröße aus und sind zu tollen Kopfsprüngen ins Wasser bereit, sobald ein Beobachter naht. Im Komposthaufen leben seitlich flachgedrückte, wachsfarbene Asseln, die aus mikroskopischen Wehrdrüsen einen Saft austreten lassen können, der ihnen ihre Feinde vom Leibe hält. Die Warmhäuser der Gärtnereien bergen ihre eigene Auswahl, Italiener und Afrikaner, eingeschleppte Repräsentanten wärmerer Bezirke dieses Planeten. Der Zustrom von dort her hört niemals auf, immer neue Arten erscheinen ab und zu, von fernsten Inseln oder völlig unbekannter Herkunft. Oft verschwinden sie wieder, unerwartet wie sie kamen, oft aber gehen sie ein in die mit Gewißheit anzutreffende Tierwelt nachgeahmter Tropenseligkeit, über deren gläsernes Dach in Winternächten der Eismond des Nordens spukt. Eine dieser eingeschleppten Asseln, eine Spezies mit Einrollungsvermögen, Armadillidium nasutum, geziert durch ein hochgebogenes Stirnläppchen, das einer kleinen Nase gleicht, verläßt das schützende Treibhaus bereits und scheint willens zu sein, das Mittelmeer zu vergessen und Bürgerrecht bei uns zu erwerben.

Weisheit der Kellerassel! Wenn ich hineinspähe in den Lebensraum dieses verleumdeten Gottgeschöpfes, den es mit den räuberischen und friedlichen Tausendfüßlern teilt, von denen die ersteren als lacklederfarbene Bänder, die zweiten als dunkle Stromlinienzüge durch Wurzelfilz und Erdgebröckel gleiten, dann schaue ich genau so tief ins Herz des Seins wie der Astronom, der Philosoph oder derjenige, der erst den ganzen Planeten umwandert haben muß, um teilnehmen zu dürfen am Atem des Lebens.

Ihren Lebensatem hat auch die Kellerassel nötig, und sie verschafft sich ihn als Krebstier, das aufs Land gegangen ist, durch zarte Kiemen, die sie mittels verbreiterter Schwanzfüßchen am Ende des Hinterleibes vor Vertrocknung schützt. Ein genial ausgebautes Wasserleitungssystem vermag Tröpfchen, die das Tier treffen, durch Hinführung zum rechten Ort in den Dienst der Kiemenatmung zu stellen. Außerdem verfügen aber viele Asselarten auch noch über schneeweiße Flecken an der Unterseite des Hinterleibes, die von Luftröhrchen durchzogen sind und der auf Feuchtigkeit angewiesenen Kiemenatmung eine selbständige Luftatmung beigesellen.

Das Kellerasselweibchen, das Eier und Junge in einem flüssigkeiterfüllten Brutbeutel zwischen den Vorderbeinen birgt, ist nicht minder verehrungswürdig als andere Mütter im Tierreich, die wir oft bewundern. Bewundern dürfen wir auch die Asseln als Ganzes, denn sie haben noch keinen allzu weiten Weg in ihrer stammesgeschichtlichen Entwicklung hinter sich und sind deshalb im Besitz des kostbarsten Gutes, das allem jugendlichen Leben zuteil wird: der schöpferischen Vielseitigkeit. Später, wenn Tierarten in die Sackgasse einseitiger Spezialanpassungen hineingezwungen werden, vermögen sie nicht mehr mit so großer Überlegenheit an die Bezwingung der Wasserwelt, des feuchten Landes und der trockenen Bezirke heranzugehen wie unsere Kellerasseln, von denen eine mittelmeerländische Art, die früher in Apotheken Verwendung fand und diesem Gebrauch durch die Pillenform ihres Körpers entgegenkommt, sogar ihr Wasserleitungssystem wieder abschaffte. Damit ist ein Grenzstein errichtet, einerseits dafür, wie weit es ein Krebs, ein ursprünglicher Meeresbewohner, zu bringen vermag, andererseits für die Vielseitigkeit selber, die hier bereits bedroht ist. Sonst aber ist Können statt Müssen das Motto, das über dem Leben der Asseln schwebt. Sie erscheinen dem oberflächlichen Beobachter genügsam, weil sie sich mit den kläglichsten Lebensbedingungen abfinden können – jedoch nicht Genügsamkeit, nicht dumpfes Ertragen, sondern ein Erobererdrang, der nirgends haltmachen will, liegt ihrem Vorkommen zugrunde. Erfindungsreich, zu allerlei Umkonstruktionen ihres Baus bereit, haben die Asseln ein manchmal verborgenes, zumeist aber deutlich in Erscheinung tretendes Ahnenerbe bewahrt: die Vorliebe für steinige Umwelt. Sie sind ursprünglich Kinder felsiger Küstenlandschaft, und wo Steine liegen, finden sich auch Asseln, in denen an solchem Ort eine dunkle Ahnung ihrer Herkunft erwacht. Das ist der Grund, weshalb sie dem Menschen folgen, diesem Höhlenbewohner der Kulturfelsen. Beide, Mensch und Kellerassel, sind auch heute noch Meeresbewohner, denn die chemische Zusammensetzung ihrer Blutflüssigkeit entspricht dem Mineralsalzgehalt des Wassers in jenem Ozean, dessen Woge uns einst trug, und nun von uns, in uns, getragen wird.

Die lieblichen Bienen, die bunten Schmetterlinge, die wohlgefälligen Singvögel sind allzuoft Gegenstand verständnisvoller Betrachtung gewesen, jedoch die als häßlich und ekelhaft verketzerten Kellerasseln besitzen, gleich dem ebenfalls nicht schönen Sokrates, ihre eigene Weisheit. Eine Weisheit des urtümlichen Lebens, welche lautet: Bewahre dir deine Ursprünglichkeit und die mit ihr verbundene Vielfalt der Möglichkeiten, solange du kannst! Sei zäh im Erobern der Welt, aber halte fest, was du ererbt von deinen Vätern hast!

Weltall Wassergraben

ÜBER Geschmack läßt sich nicht streiten und wat dem eenen sin Uhl is, is dem ann ern sin Nachtigall. Meine Welt sind die Schuttfelder am Rande der großen Stadt. Ihnen gehört mein Herz.

Jedes Schuttfeld ist eine kleine Wiederholung der uralten Legende vom Turmbau zu Babel. Da liegen nun die Trümmer, verweht von Flugsand, ohne Trauer, ohne Hohn. Bruchstücke gipserner Fassaden, zerfetzte Matratzen, aus deren Bäuchen Spiralengewirr in den teilnahmslosen Himmel starrt, Kochtöpfe und Konservenbüchsen, verworfene Ecksteine und abgedankte Wetterfahnen. Altes Eisen, aber die Schöpfung bleibt jung wie je.

Stechapfel und Bilsenkraut, die Hexenpflanzen, gedeihen auf dem Schindanger unserer Zivilisation. Du bewunderst mit leisem Grauen das leichenblaue Bilsenkraut, suchst es im nächsten Jahr am selben Standort auf ... es ist nicht mehr da. Es spukt über die Schuttfelder dahin, ohne jemals feste Wurzeln zu schlagen. Anders die übrigen Pflanzen, denen der Abschaum des Steinmeers zum Lebenselixier geworden ist. Der bittere Beifuß bildet wahre Wälder, Klette und Huflattich beschatten mit ihren Riesenblättern ein Kleintierparadies, und zur Zeit der Sommersonnenwende hält mitten in Müll und Malm der Holunder, der heilige, geheimnisvolle Baum, seine leuchtend offenen Händen hin.

Mit winzigen Schrittchen eilt die Haubenlerche über das Antlitz der Verwüstung. Ein Turmfalk stößt nieder, trägt die geschlagene Maus empor und biegt auf die Schlote am Himmelsrand zu. Während unter fast jedem Stein ein gelbes Ameisenvolk rastlos das Gesetz erfüllt, nach dem es angetreten, brummen zum Abend die Junikäfer über der Ödnis hin und her, indessen der nordwestliche Himmel noch immer sein Scharlachrot durch die Kohlenstaubwolken drängt.

Die Natur scheint fast größer zu sein auf dem Schuttfeld am Stadtrand als mitten im tropischen Urwald. So wie das Wunder der Genesung dem, der es nach schwerer Krankheit erleben darf, größer scheint als das Gleichmaß unerschütterlicher Gesundheit. Im kochenden Rausch der Mangrovensümpfe ruht die Schöpferkraft sieghaft in sich selbst, stolz und voller Tyrannei. Jedoch auf dem Schuttfeld schlägt das Herz des Werdens jugendlich und zart, voll Sehnsucht, deren Magie aus Staub und Scherben einen neuen Tag des Lebens zaubert.

Mitten durch die trümmerbesäte Wüste führt ein Wassergraben. Er ist älter als das Schuttfeld, älter als die Stadt, die nach dort hin unaufhörlich zerbröckelt. Alles Wasser ist älter als wir.

Einst war es ein Graben, der zwei Flüsse verband. Eine letzte Pappel, die im verödeten Boden den Halt verloren hat und schräg über die schmale Wasserfläche hingesunken ist, weiß noch davon.

Dann kam die Stadt herangekrochen. Sie hob und senkte den Wasserspiegel im Erdreich nach ihrem Belieben, sie schnitt neue Adern in die Landschaft hinein und band andere ab. Sie handelte nach Impulsen eines späteren Schöpfungstages. Dennoch blutet sie aus einer großen Wunde, und der Wassergraben fließt nun schon jahrzehntelang durch Ufer aus ihrem geronnenen Blut.

Das Schilf ist fort, das an seinem Rande gedieh, und oft, im Herbst, droht auch das Wasser zu schwinden. Nur einzelne Tümpel liegen dann zusammenhanglos in seinem ausgetrockneten Bett. Schlimm für die Tiere, die darin gefangen sind. Die Stichlinge drängen sich immer dichter, wenn ihr abgeriegelter Lebensraum sich mehr und mehr verengt. Zuweilen nahen die Regenwochen des Oktober als Befreier. Oft genug aber sitzt der Mann im dunklen Mantel, der eine Muschel am Hut trägt und mit dem wir alle öfter ein Zwiegespräch suchen sollten, auf der Holzbrücke, die über den Graben führt, und schaut zu, bis die Stichlinge sein sind.

Jeder, der vorübergeht und die blanken Leiber der Fische auf dem austrocknenden Schlamm liegen sieht, der Verwesung preisgegeben, weiß genau, daß in solchen Fällen dem Stichling nicht etwa Beine und Lungen wachsen, auf daß er an Land gehen und es sich dort wohlsein lassen könne. Dennoch gibt es Naturwissenschaftler, die der Meinung sind, die Eiszeit habe einem Menschenaffen den Urwald unter den vier Händen fortgezogen, ihn genötigt, daraufhin auf zwei Füßen zu gehen, sich Feuer anzumachen, um die Kälte zu bekämpfen, bei welcher Gelegenheit sein Fell absengte und er nun, indem er dieses Phänomen mit seinen Kumpanen am Lagerfeuer besprach, sich voll großen Erstaunens als Mensch erkannte. Was dem Stichling recht ist, ist dem Affen billig. Beide bleiben, was sie sind, auch wenn ihr Lebensraum sich ändert. Kein Mensch weiß bis heute, wie die Artumwandlung vor sich gegangen sein mag und ob sie überhaupt geschah. Nur eins weiß man genau: daß die alten Stammbaum-Vorstellungen unrichtig sind, weil wesentlich Neues niemals an den oberen Ästen dieses Stammbaumes sich zu entfalten vermag, wo schon allzu einseitige Spezialbildungen vorhanden sind. Der Affe ist weit spezialisierter als der Mensch. Seine Greifhand mit geschwundenem Daumen, welch Spezialwerkzeug, gemessen an der noch ganz molchhaft primitiven Universalhand des Menschen! Das Gebiß des Affen mit riesigen Eckzähnen, mit auswärts geneigten Freßwerkzeugen, ist ebenfalls viel weiter vorgetrieben in seiner Spezialkonstruktion als das ursprunghafte, gerade aufeinanderbeißende Gebiß des Menschen. Aber auch Fuß- und Beckenbildung, Formgesetze des Schädels, Besonderheiten der Haut und viele andere Gründe sprechen eine deutliche Sprache, um uns zu beweisen, daß der Mensch urtümlicher, älter, in seinen Möglichkeiten vielseitiger ist als der Menschenaffe. Das Wissen um die Eigenlinie in der Entwicklung des Menschen setzt sich immer mehr durch. Prof. Hermann Klaatsch, der berühmte Anthropologe, zerstörte das Märchen von der eiszeitbedingten Menschwerdung und wies schon vor Jahrzehnten auf die schöpferische Primitivität der Hand und des Gebisses hin, die den Menschen weit vom Affen entfernt. Von zwei Seiten her wurde Klaatschs Hinweis aufgegriffen und ausgebaut: Der Paläontologe Edgar Dacqué bewies mit dem Rüstzeug seiner dem Vorzeitleben gewidmeten Wissenschaft das hohe Alter des Menschen und seine Unabhängigkeit von äffischer Verwandtschaft. Zur gleichen Zeit ging der Anatom Prof. Max Westenhöfer mit einem Fleiß ohnegleichen an die planmäßige Durchforschung des gesamten menschlichen Organismus heran, um auf unwiderlegliche Weise darzulegen, daß der Bauplan des Menschenkörpers in all seinen Teilen sowohl für dessen Urtümlichkeit als auch für eine mit dem Affen in keinerlei Zusammenhang stehende Eigenlinie in der Entwicklung spricht. Nun war das Eis gebrochen, der Stammbaum gefällt, ein Busch von Eigenlinien an seine Stelle gesetzt. Und plötzlich waren laut und klar die Stimmen derjenigen Gelehrten vernehmlich, die ebenfalls gegen das Dogma der Affenabstammung Stellung nahmen. Zu ihnen gehört der Amerikaner Prof. Osborn, einer der hervorragendsten Säugetierkenner der Welt, der die Affenmenschtheorie als »gänzlich falsch und irreführend« bezeichnet, der Zoologe Prof. Fleischmann, dessen Ablehnung der gesamten Abstammungslehre gleichfalls nicht ohne gute Gründe geschah, der Prager Mediziner und Biologe Prof. Samberger, der Begründer der »Umweltforschung« Prof. Jakob von Üxküll, der zoologische Systematiker und Schöpfer der »Formenkreislehre« Dr. Otto Kleinschmidt und ein ganzes Heer junger Naturforscher. Man soll diesen Stand der Forschung dem Wanderer am Wassergraben getrost erzählen, wenn er auf die toten Fische blickt und sich Gedanken macht, weshalb ihre Ahnen im gleichen Dilemma so klug waren, an Land zu gehen. Es hat sich inzwischen herumgesprochen, daß sie auch damals einfach starben. Nur Münchhausen vermag sich am eigenen Zopf aus dem Sumpf zu ziehen.

Wenn du am Wassergraben vorüberkommst, unvorbereitet und ohne Zeit zu besinnlichem Aufenthalt, so bleibe getrost stehen. Ich weiß, du hast Pflichten. In Wahrheit haben die Pflichten dich. Laß einmal all die Dinge, die dich rufen, vergeblich auf dein Kommen warten. Denn hier ergeht ein höherer Ruf an dich.

Erst blickst du hinein in die Tausendfalt dort unter dem Wasserspiegel, den der Abglanz weißer Sommerwölkchen überwandert. Und dann ziehst du den Rock aus, streifst die Ärmel deines Oberhemds bis zu den Ellbogen empor, in deinen Händen wird ein knabenhaftes Jagdfieber wach. Aber zunächst mußt du dir im Schutt eine leere, verrostete Konservenbüchse suchen. Es liegen ja so viele umher.

Den Taumelkäfer, der silbern und nur von der Oberflächenspannung getragen seine geschwinden Kurven zieht, erwischst du nicht. Er ist ein geübter Flüchtling, weil seine – wie bei den meisten Insekten aus einer Vielzahl von Fazetten zusammengesetzten – Augen zweigeteilt sind, so daß die untere Hälfte in die Wasserwelt, die obere ins Reich der Lüfte schaut. Jeder Schatten, jede verdächtige Bewegung warnt den Käfer, zugleich streift sein Unterwasserblick den Grund des Grabens nach Kleinlebewesen ab, die dem Räuber zur Nahrung dienen.

Ruckweise und fast unbeholfen rutscht der langbeinige Wasserläufer auf der spiegelnden Fläche hin und her. Er verhält sich wie ein wenig talentierter Anfänger im Schlittschuhsport zum Taumelkäfer, der mit Eleganz die stolzesten Figuren zieht. Aber der Wasserläufer ist ja auch kein Käfer, sondern nur eine Wanze mit saugenden Mundwerkzeugen und ohne Puppenstadium während der Entwicklung.

Wie mancher Mensch, ist auch der Taumelkäfer nur schön und voller Glanz, solange er auf der Grenze zweier Welten lebt, solange das Licht der höheren Sphäre ihn trifft. Taucht er unter, siehst du ihn nur noch als schwarzen Zwerg im Pfennigkrautdickicht umherkriechen, unbeholfen und gefräßig. Der Blick nach oben ist ihm dann verwehrt.

Dem Wasserläufer hingegen wird der Graben oft zu eng. Er entfaltet seine Flügel und schwirrt davon. Selbst auf Pfützen im dichtesten Walde kannst du ihn treffen, den Wanzen-Vagabunden. Achte nur einmal auf die verirrten Tiere! Sperlinge unter dem Sofa, Tagfalter im Keller, Asseln hinter der Scheuerleiste einer im vierten Stock gelegenen Wohnung, Gelbrandkäfer als Gestrandete auf den im Mondlicht glänzenden Glasscheiben über Frühbeetkästen – auch sie sind ein Gleichnis, wie alles Vergängliche.

Du sollst dich hüten, das Tier zu vermenschlichen. Es lebt, nach Maßgabe seiner Wahrnehmungsmöglichkeiten, in der allein ihm eigenen Umwelt. Du sollst dich noch ängstlicher hüten, es auf Grund dieser selbstverständlichen Erkenntnis beziehungslos anzuschauen. Blut von unserm Blut, ist es uns beigesellt als vielerlei Bedeutsamkeit, nicht zuletzt als Bild in unserm Traum vom Leben, als Bild und Ruf. »Zu den Tieren gehen, heißt sich heimbegeben«, sagt der skandinavische Dichter Johannes V. Jensen.

Begib dich heim ins Weltall Wassergraben! Nimm mit, was sich dir anbietet! Du mußt dich auf der Uferböschung hinhocken wie ein Indianer, der Fische fängt. Das gefährdet zwar deine Bügelfalten, aber es beschenkt dein Herz und Hirn mit Jugendhauch der Schöpfungsfrühe. Es empfiehlt sich, mit der Linken ein kräftig verwurzeltes Büschel Gras zu erfassen, denn du mußt dich weit über die Wasserfläche beugen, wenn du den Stichling erhaschen willst.

Versuch es einmal! Zum Angeln brauchst du nur Geduld, zum Fischfang mit der Hand gehört außer dieser Tugend auch noch Intelligenz. Das ist vielleicht ein Grund, weshalb das Angeln die weitaus bevorzugte Methode ist. Es kann ein ganzer Nachmittag vergehen, bevor du ein rotkehliges Stichlingsmännchen und zwei oder drei Weibchen in deiner rostigen Konservenbüchse weißt. Nimm noch eine Posthornschnecke hinzu, es gibt ja so viele davon im Graben. Sie nagt dir die Algen von der Glaswand des Aquariums und klebt statt dessen ihre flachen Laichpakete dorthin. Bis du dich vor Schnecken nicht mehr zu retten weißt, hat es noch gute Weile.

Die düstere Libellenlarve mit ihrer Fangmaske, die zusammengeklappt vor dem Kopf getragen und als dornenbewehrtes Mordwerkzeug der Beute entgegengeschleudert wird, laß getrost daheim im Graben. Auch den Gelbrandkäfer, so herrlich schön er immer aussehen mag. Er und seine Larve sind nicht minder räuberisch und würden den Nachwuchs der Stichlinge gern verspeisen. Beide Larven, die der Libelle und die des Käfers, sollst du aber einmal in der Hand gehabt haben, bevor du heimkehrst in die Alltäglichkeit, die mörderischer ist als diese Tiere.

Erschrickst du, weil ein kräftiger Wasserstrahl aus der Libellenlarve herausspritzt, sowie du sie ihrem Element entrückt hast? Als sie bei deinen ersten, vergeblichen Fangversuchen ruckweise floh, bediente sie sich des gleichen Wasserstrahls, mit dessen Druck sie sich vom Boden abstieß nach dem Prinzip einer Rakete. Dieses Wasser kommt aus dem Enddarm, in dem die Libellenlarve ihre Kiemen verborgen hält. Um Sauerstoff aus dem Grabenwasser zu erlangen, muß der muskulöse Enddarm abwechselnd gefüllt und geleert werden. Geht das Entleeren des Atemwassers mit großer Heftigkeit vor sich, kann es in den Dienst einer unerwartet geschwinden Flucht gestellt werden. Solche Darmatmung ist im Tierreich nicht sonderlich selten. Unsere Asseln bewahren gleichfalls Flüssigkeitsreserven zur Feuchterhaltung ihrer Kiemen im Enddarm auf. Und ein Fisch, der Schlammpeitzger, kommt sogar an die Wasseroberfläche geschwommen, um Luft zu schlucken, die dann seinen Darm passiert und auf diesem Wege Sauerstoff ans Blut abgibt.

Sicher steht Luftschlucken nicht immer im Dienste der Atmung. Es kann bei Säugetieren auch als Angewohnheit, ja sogar als Neurose auftreten, und zwar als ausgesprochene Zweckneurose. Pferde, die zu fest gesattelt werden, schlucken zuweilen so viel Luft, daß ihr Leibesumfang merklich zunimmt. Nach dem Aufschnallen des Sattels lassen sie diese Luft auf dem natürlichen Wege wieder entweichen und erreichen somit einen lockeren Sattelsitz.

Die Larve des Gelbrandkäfers ist kein Wasser-, sondern ein Luftatmer. Sie steigt deshalb in ziemlich kurzen Zeitabständen zur Wasseroberfläche empor, um durch zwei Atemlöcher, die wiederum am Hinterleibsende sitzen, einen Luftvorrat mit hinunterzunehmen in die Jagdgründe, deren Schrecken sie ist. Die Beute, die sie mit ihren gekrümmten Dolchkiefern erfaßt – und nichts ist vor diesem Zugriff sicher – wird von dem Speichel, der aus den durchbohrten Kiefern in den Körper des Opfers hinübertritt, betäubt und wehrunfähig gemacht. Zugleich erfüllt dieser Speichel noch eine andere, fast wichtigere Aufgabe: Er verdaut die Gewebe, in die er hineinfließt, außerhalb des Magens, dem er die verflüssigte Nahrung zuführt, sobald die Larve ihn zurücksaugt. So wird das Beutetier buchstäblich ausgesogen, nachdem der in seinen Körper ergossene Speichel diesen so weit zersetzt hat, daß der Nahrungsbrei verdünnt genug ist, um die Kanäle im Innern der Kieferzangen passieren zu können. Oft bleibt vom Opfer der Gelbrandkäferlarve nichts anderes auf dem Boden des Grabens zurück als eine dünne Hülle, die als Gespenst der einst belebten Form mit der Strömung dahingleitet zur anderen Seite des Seins.

Dunkelt es schon? Laß deine Augen sich sättigen an all dem Diebs- und Mordvolk, das im Wassergraben wütet! Nichts sollst du davon mitnehmen, aber jedes dieser Tiere gefangen und betrachtet zu haben, ist Quell herrlichster, jungenhafter Freude. Da stelzt der Wasserskorpion über eine ausgediente Gießkanne, die am Grunde ruht, den gewölbten Bauch von Schnecken überglitten. Du zweifelst nicht, woher sein Name kommt, denn mit den beiden zangenförmigen Raubbeinen und dem dünnen Atemrohr am Hinterleib ähnelt er in der Tat einem Skorpion. Gleich dem Wasserläufer ist er jedoch Vertreter der Wanzensippe im Graben. Desgleichen sein Vetter, die Stabwanze, die wiederum einer der berühmten Stabheuschrecken ähnelt, die uns immer als Beispiel für Schutzanpassungen vorgeführt werden, obwohl sie ihren Feinden im gleichen Maße zum Opfer fallen, wie nicht schutzangepaßte Heuschrekkenarten. Auch die Stabwanze hat Raubbeine, nur sind sie nicht zur Zange gebogen, sondern mehr gerade gestreckt. Wie bei ihrem Vetter, dem Wasserskorpion, dient ein dünnes Rohr, in das der Leib ausläuft, zur Luftatmung und wird von Zeit zu Zeit ein winziges Stück aus dem Wasser herausgestreckt.

Den Rückenschwimmer, der ebenfalls eine Wanze ist, sollst du lieber nicht zu greifen versuchen, so leicht es immer möglich ist, denn auch er muß mit dem hinteren Körperende den Wasserspiegel berühren, um Atem zu schöpfen. Mit dem spitzen Wanzenstachel vermag er schmerzhaft wie eine Biene zu stechen. Also laß ihn unangefochten dahinrudern mit seinen beiden borstigen Schwimmbeinen.

Purpurmilben schrauben sich nieder zum Quellmoosteppich, streckenweise ist das Grabenwasser rötlich von Wasserflöhen, wie du sie morgen für deine Stichlinge kaufen wirst, und vor den Pferdeegeln brauchst du keine Angst zu haben, wenn sie auf deine Hand zugeschlängelt kommen. Es sind Kleintierjäger und zum Vampyrismus ungeeignet. Ihren Namen verdanken sie den Berichten über die Plage, die sie Pferden an der Tränke zufügen sollen, indem sie sich an deren Mundschleimhaut festsaugen.

Es kann sein, daß so etwas vorkommt. Es kann ebensogut eine Fabel sein. Die Naturwissenschaften sind – das wird immer wieder stolz betont – auf Erfahrung gegründet. Doch nicht nur der Lernende übernimmt, oft leichtfertig genug, die fix und fertige Erfahrung seiner Professoren, die vielfach ebenfalls übernommen ist, sondern auch die Lehrbuch-Autoren schleppen in vielen Fällen grobe zoologische Irrtümer durch Jahrzehnte weiter. Da ist in deinem alten Naturkundebuch der Maulwurfsbau abgebildet als Mittelkessel, von dem drei regelmäßige Gänge in einen oberen Kreisgang führen, der wiederum fünf nicht minder regelmäßige Gänge aus- und abwärts in einen noch umfangreicheren Kreisgang entläßt. Eigentlich hätte man sich fragen müssen, was denn der Maulwurf mit einer so kunstvoll hergestellten Burg in seiner Düsternis anfangen soll. Man fragte es sich aber erst, als sich durch – Erfahrung eines Nachgrabenden herausstellte, daß es derartige Maulwurfsbauten nur in zoologischen Lehrbüchern gibt. Kunstlos und primitiv ist der wirkliche Maulwurfsbau, doch den Darstellern früherer Jahrhunderte lag eine Stilisierung näher, bis zum Schluß das Gebilde zustande kam, das unsere Schulbücher schmückte. Eine andere lehrreiche Geschichte ist vom Igel zu erzählen: Dieser Raubritter fängt »bekanntlich« Mäuse. Er ist darin tüchtig wie die Katzen. Jeder Mensch »weiß« das. Dennoch ist es Unsinn. Der Igel kann gar keine Mäuse fangen, wie neuere und sehr sorgfältige Beobachtungen ergeben haben. Armer Igel, der auf Mäusefang angewiesen wäre! Armer Erfahrungswissenschaftler, der auf Bücher schwört!

Der Pferdeegel führte uns zu diesem Stoßseufzer. Sein großer Bruder, der Blutegel, kommt in unserem Graben nicht vor. Die Heilkunde ist ebenfalls eine Erfahrungswissenschaft. Gestern noch waren die dunklen Zeiten endgültig vorüber, in denen der Arzt Blutegel setzte. Heute erscheinen ganze Handbücher über Blutegelkuren. Man trägt ihn wieder. In der Reichshauptstadt gedeiht eine Blutegelhandlung. Wer weiß, ob die Assel mit dem abgeschafften Wasserleitungssystem, von der wir früher erfuhren, nicht ebenfalls heimkehrt zum Apotheker.

Ein paar Schritte weiter ist das Grabenwasser abermals rötlich. Du vermutest Wasserflöhe und willst, da du sie schon kennst, nicht hinschauen. Jedoch im selben Augenblick ist die Farbe verschwunden. Man soll immer hinschauen. Hinter wieviel Bekanntem verbirgt sich unendlich mehr Unbekanntes! Wenn du nun noch ein Weilchen wartest, kehrt die Röte zurück. Du brauchst nur mit dem Fuß aufzutreten, und schon ist sie zum zweitenmal dahin.

Die Dämmerung ist zu weit vorgeschritten, um die Ursache dieser Erscheinung zu ergründen. Ich will sie dir verraten. Dünne rote Würmchen leben im Schlamm, ragen mit dem Leib schlängelnd und in einem wahren Bajaderentanz aus selbstgebauten Röhrchen hervor, schlüpfen aber blitzschnell zurück, sowie sie Gefahr zu spüren glauben. Die Erschütterung deiner Schritte genügte, um dies zu veranlassen. Nimm dir etwas von dem Schlamm, in dem die Tubifexkolonie haust, mit in deine Konservenbüchse. Den Stichlingen fallen die vorsichtigen Tierchen nicht gar zu leicht als Beute anheim. Du wirst sie noch oft in deinem Aquarium umherspielen sehen, winkende Finger über dem Moder am Grund.

Die Frösche, die überall quaken, lassen wir ungestört. Des Teichmolchs Liebeszeit ist schon vorüber. Ihn fängst du nächstes Jahr. Für heute gehst du heim, im frohen Bewußtsein, deine Pflichten versäumt, aber dennoch eine höhere Pflicht erfüllt zu haben. Köcherfliegen streichen über den sich verhüllenden Wassergraben. Es sind die geflügelten Entwicklungsziele der wandernden Köcher, die du vorhin am Boden umherkriechen sahst. Die Larven verbargen sich in einem langen Mantel aus Schlamm, Schneckentrümmern, Steinchen und Pflanzenabfall. Jetzt aber siehst du das Insekt selbst. Es fliegt. Wenn die Larven zu philosophieren vermöchten, würden diejenigen unter ihnen, die über einen gesunden Larvenverstand verfügen, die Wahrheit des Fluges im Äther mit Nachdruck leugnen. Da weißt du, was man vom gesunden Larvenverstand zu halten hat.

Um dein Aquarium mach dir keine Sorgen. Halte lieber deine Konservenbüchse fest, sie fällt dir sonst leicht aus der Hand, und daß den Stichlingen auf dem Lande keine Lungen wachsen, wird in deiner Erinnerung noch lebendig sein. Du brauchst daheim nichts als ein geräumiges Glas und ein paar Pfund Sand zu erwerben. Einige Pflanzen – Wasserpest und Tausendblatt – hättest du dir auch vom Graben mitnehmen können, aber es ist besser, sie zu kaufen, sonst sitzt am Ende schon wieder der Tod im Glase.

Morgen schüttest du den Sand ins Glas, gießt Wasser darüber und wirfst die Pflanzen hinein. Wurzeln schlagen sie ganz von selber. Die Stichlinge atmen vom Sauerstoff, der aus den grünen Pflanzen steigt, und die Schnecke sorgt für Säuberung der Scheiben. Bald ist dein Aquarium im biologischen Gleichgewicht, wenn du glückliche Hände hast. Glückliche Hände erwirbt man am Wassergraben. Wer sie nicht zu erwerben vermag, dem wird sich auch das feudalste Luxusaquarium über kurz oder lang in eine Jauchtonne verwandeln. Ich habe dergleichen oft erlebt. Aber öfter das Gegenteil: Kleine, primitiv eingerichtete Aquarien wurden zum Wunder, zum Weltall Wassergraben, wenn die rechte Liebe darüber waltete, die mehr im aufgeschlossenen Betrachten, als in affenhafter Geschäftigkeit besteht.

Bald wird das Stichlingsmännchen aus Pflanzenwerk sein Nest zurechtgekittet haben und jedes Weibchen durch das Portal dieser grünen Hütte zwingen, es dort laichen lassen und den Laich besamen. Dann aber hat kein Weibchen mehr etwas zu suchen im Umkreis des Hortes. Bis eines Morgens der Sand des Aquariums grau ist von Fischbrut, die wie ausgeschüttete Kommas anzusehen ist, über denen der Vater wacht. Wenn die jungen Stichlinge groß genug sind, wirst du die Mehrzahl zurücktragen zum Graben.

Nun wandere hin über das Schuttfeld, die Sterne sind schon da. In deinen Halbschlaf wird heut nacht das Bild des Wassergrabens ragen, und überall, wo es wimmelt von Wesen, die dir fremd sind und vertraut zugleich, ist ein Klanglaut aus der heiligen Ursprache unserer Rasse: Tat twam asi! Das bist du! –

Einstweilen schau noch in die Sterne, aber stolpere nicht, denn du trägst die Verantwortung für vielfaches Leben. Im Wassergraben das Weltall unter dir, in Äonenweiten das Weltall über dir, beides aber in dir, wahrgenommen und vielleicht sogar geschaffen von dem, der dein Leben träumt und sich in diesem Traume zu erkennen sucht.

Mit Hammer und Geist zum Leben der Vorwelt

»MALLEO et mente! – Mit Hammer und Geist!« lautet der Wahlspruch der geologischen Wissenschaft, deren dem Vorweltleben gewidmete Nebendisziplin, die Paläontologie, nicht minder auf Hammer und Geist zu verzichten vermag.

Während in Süddeutschland jedes Schulkind die aus dem Gestein herausgewitterten Fossilien am Weg und auf dem Acker findet, weiß der Bewohner der norddeutschen Tiefebene in der Regel wenig oder nichts von den versteinerten Zeugen urweltlichen Lebens. Er hat vielleicht an der geröllbedeckten Küste Rügens aus dem Erdmittelalter stammende, versteinerte Seeigel, die wie ziselierte Helme maurischer Krieger aussehen, oder die berühmten Donnerkeile gefunden, sonst aber holt er sich seine weiteren Kenntnisse auf versteinerungskundlichem Gebiet, wenn überhaupt, meist aus Museum und Literatur. Und dabei brauchte er doch nur zum Hammer zu greifen, um dem Leben der Vorwelt genau so nahe zu sein wie sein Volksgenosse aus Schwaben oder Franken.

Das norddeutsche Flachland ist eiszeitlichen Gepräges. Gletscher von unvorstellbaren Ausmaßen haben es zur Ebene gehobelt, und dieselben Gletscher haben Unmengen kleiner und großer Steine in seinen Boden hineingedrückt. Überall, wo heute Kiesgruben angelegt werden, treten solche Steine, die man ihrer Herkunft wegen Geschiebe nennt, in großen Mengen zutage. Diese Geschiebe entstammen denselben Ländern, in denen auch die Riesengletscher ihren Ursprung nahmen, in unserem Falle also skandinavischen Regionen. Steigt man in eine Kiesgrube und besichtigt darinnen die Fülle kleiner und großer Geschiebe, so lernt man bald zwei grundverschiedene Gesteinstypen unterscheiden, die wissenschaftlich Eruptiv- und Sedimentgesteine heißen. Erstere sind ungeschichtet, sie stellen erstarrtes Magma, Erdinneres, dar und verdanken vulkanischen Vorgängen ihre Entstehung. In ihnen Versteinerungen zu suchen, darf nur dem Hammer, nicht aber dem Geiste verziehen werden.

Im Gegensatz dazu weisen die Sedimentgesteine eine feine Schichtung auf, sie sind entstanden durch Vermittlung des Wassers als abgelagerte Verwitterungsprodukte, sind steingewordene Meeresböden. Diese Sedimentärgeschiebe bergen in großer Zahl Fossilien, Zeugen vorweltlichen Lebens. Noch im Zustand der Versteinerung, als Abdruck einst beseelter Form, noch als Mumie und Denkmal wahrt das Lebendige seine Beziehung zum Wasser.

Mit bald erworbener Erfahrung vermag man nicht nur Eruptiv- von Sedimentgesteinen, sondern auch unter letzteren fossilverdächtige von sterilen zu unterscheiden. Oft liegen herausgewitterte Partien des Fossils an der Oberfläche, meist aber muß der Hammer helfen. Ein scharfer Schlag sprengt das Geschiebe, und erfahrungsgemäß liegt die Bruchfläche dort, wo Versteinerungen das innere Gefüge spannen. Mit Hammer und Rucksack versehen, ist es nicht schwierig, sich aus Kiesgruben Norddeutschlands fast mühelos eine umfangreiche Sammlung erdurzeitlicher und erdmittelalterlicher Fossilien zusammenzutragen. Mein letzter Besuch einer Berliner Kiesgrube brachte mir in zweistündiger Sammelzeit Versteinerungen und Versteinerungsbruchstücke ein von den dreigeteilten, asselähnlichen Trilobitenkrebsen, von Tintenfischen mit ihren erdurzeitlichen, gekammerten Schalen in Tütenform, Armkiemenern, die wie Muscheln wirken, aber im Gegensatz zu ihnen zweiseitig-symmetrische Schalen besitzen, Schwämmen, deren inneres Nadelgerüst mit seiner Filigranzartheit den Jahrmillionen trotzte, Muschelkrebsen, die als glänzend braune, körnige Panzerchen in das graugrüne Kalkgestein eingelassen sind, Moostierchen vom Aussehen einer über die Geschiebeoberfläche gelegten Brüsseler Spitze und den rätselhaften, laubsägeblattförmigen Graptolithen.

Oft liegt ein solches Fossil bereits klar und schön auf der Bruchfläche des Geschiebes, nicht selten muß es aber noch mühsam herauspräpariert werden. Mit Hilfe eines Meißels werden winzige Teilchen des bergenden Gesteins in Richtung auf das Fossil hin abgesprengt. Die Behandlung zerbrochener oder von allzu widerspenstigem Gestein umklammerter

Fossilien ist schwierig, jedoch mit Übung, Geduld und Geschick erlernbar. Weit komplizierter ist jedoch das Verfahren, wo es sich nicht um Versteinerungen, sondern um hinfällige Knochenreste aus der Braunkohlenzeit handelt, die häufig bereits auseinanderfallen, sobald sie freigelegt sind. Hier muß das Objekt gleich an Ort und Stelle mit Leim oder Gummi arabicum getränkt werden, wenn es heil in die Sammlung kommen soll. Die in der Geschichte der Paläontologie bedeutsamen Säugetierfunde aus den Rixdorfer Kiesgruben bedurften einer solchen Behandlung. Sie wurden auch von Laiensammlern zahlreich geborgen und wanderten in so manche Schulsammlung, woraus wir ersehen, daß ein solches Konservierungsverfahren noch keine allzu schwer erfüllbaren Anforderungen an denjenigen stellt, der ohne fachliche Vorbildung seinen Weg zum Leben der Vorwelt finden möchte.

Die Präparatoren und Konservatoren der großen Museen stehen aber oft Funden gegenüber, deren Bergung und wissenschaftliche Erschließung so große Schwierigkeiten bereitet, daß alle kunstgerechte Technik versagt. Es ist nahezu unmöglich, die Unterseite oder das Innere kleiner, flacher Versteinerungen sichtbar zu machen, vorausgesetzt natürlich, daß Unterseite und Inneres sich dem umgebenden Gestein gegenüber noch irgendwie abheben. Neuerdings ist von Dr. W. M. Lehmann in Kirn an der Nahe auf Grund jahrelanger Experimentalarbeit ein Verfahren ausgearbeitet worden, das mit Hilfe der Röntgenstrahlen eine Durchdringung und Sichtbarmachung der Fossilien bis in feinste Einzelheiten hinein ermöglicht. Trilobitenkrebse aus fernstem Erdaltertum, unter ihnen besonders die oft in zusammengekugeltem Zustand anzutreffende Gattung Phacops, konnten auf diese Weise mit allen, sonst unzugänglichen Feinheiten ihrer Organisation optisch dem Gestein entrissen und somit in bisher noch nicht dagewesener Vollständigkeit der Erforschung ihres inneren Baues zugänglich gemacht werden.

Fraglos an der Spitze aller paläontologischen Bergungsmethoden steht gegenwärtig in bezug auf Leistungsmöglichkeit und vielseitige Verwendbarkeit der Resultate das Lackfilm-Verfahren, das der deutschen Wissenschaft von dem Hallenser Gelehrten Dr. Ehrhard Voigt geschenkt wurde. Es fand seine Anwendung zuerst an der berühmten Fundstätte für Braunkohlenfossilien im Geiseltal. Inzwischen ist es nicht nur für Paläontologen, sondern auch für Geologen und Bodenkundler zum unentbehrlichen Rüstzeug geworden.

Die Technik des Lackfilm-Verfahrens ist, in großen Zügen dargestellt, folgende: Das Fossil, das in der Braunkohle meist als Wirbeltierskelett in Frage kommt, wird so, wie es auf der Kohle liegt, mit einer dünnen Schicht des für diesen Zweck eigens hergestellten Geiseltal-Lacks überzogen, die durch allmähliche Verstärkung zu einem elastischen, durchsichtigen Lackfilm wird. Das mit Zaponlack vorgetränkte Gestein gibt sodann eine Art Abziehbild all dessen, was es enthielt, her. Mit Hilfe dieser Lackfilme, die das Vorzeitlebewesen gewissermaßen aus dem Gestein herausreißen, ist bereits vom rein praktischen Gesichtspunkt her eine höchst willkommene Verbesserung bisheriger Methoden erreicht, weil die so gewonnenen Abziehbilder – um bei diesem Vergleich zu bleiben – vermöge ihrer Durchsichtigkeit als Diapositive projiziert werden können und sich aus dem gleichen Grunde in ganz besonders hohem Maße zur mikroskopischen Untersuchung eignen.

Darüber hinaus ist aber all das, was der Lackfilm in Hinsicht auf die Bergung der Objekte leistet, geradezu unvorstellbar für denjenigen, der noch kein nach dieser Methode hergestelltes Präparat zu sehen bekam. Es gibt braunkohlenzeitliche Fische, deren Knochen vollständig von den Humussäuren des Bodens aufgelöst worden sind, so daß nur noch die Knochenhäute existieren. Kein anderes Verfahren hätte je vermocht, diese Knochenhäute zu bergen, noch dazu mit allen mikroskopischen Einzelheiten und im skelettgemäßen Zusammenhang! Ganze Krokodilskelette können mittels eines darüber hingebreiteten Lackfilms in derselben Vollkommenheit geborgen werden, wie winzigste Bernsteininsekten. Mit Hilfe des Lackfilm-Verfahrens ist es gelungen, die Art des Baumes, dem das Bernsteinharz entstammt, genau zu bestimmen. Während die bisher übliche Bestimmung der im Bernstein eingeschlossenen Organismen mittels mikroskopischer Dünnschliffe immer nur den Hohlraum zugänglich machte, in dem der inzwischen längst zerfallene Einschluß einmal gesteckt hatte, ist es jetzt möglich, feinste Einzelteilchen durch einen hauchdünn darübergelegten Lackfilm aus dem Bernstein herauszuheben und unter dem Mikroskop zu betrachten, wobei Schüppchen und Haare von Insektenflügeln so deutlich wahrzunehmen sind, als handle es sich um soeben eingefangene Tiere. Selbst Muskelfasern mit feinster Querstreifung und – als bisher einzig dastehende Spitzenleistung – Oberhautzellen von Fröschen aus der Braunkohlenzeit, deren

Zellkerne noch erhalten sind, können auf diesem Wege der Wissenschaft zugänglich gemacht werden.

Der Hammer allein tut's freilich nicht, der Geist allein aber ebensowenig. Technik der Bergung und geistige Durchdringung des Geborgenen müssen in der Paläontologie Hand in Hand gehen, oder sollten es wenigstens tun. Bereits während des Sammelns muß der Geist wach sein, nicht nur hinsichtlich der Fossilien, die es zu erbeuten gilt, sondern auch in bezug auf das, was deren Lagerung über ihre längst versunkene Umwelt verrät. Daß Hofrat Beringer vor zweihundert Jahren böswillige Fossilienfälschungen, die auf seinem Sammelgelände ausgestreut worden waren, als solche nicht zu erkennen vermochte und in einem umfangreichen Werk beschrieb, daß ein anderer, moderner Gelehrter einmal einen Westenknopf als Fischzahn deutete und diese Deutung veröffentlichte, ist weit weniger tragisch zu nehmen als ein paläontologisches Weltbild, das selber versteinert. Der Hammer geleitet lediglich zu dem hin, was das Leben der Vorwelt an toten Dokumenten für uns zurückließ. Dieses Leben selbst kann nur in unserem Geiste auferstehen, und je weniger dieser Geist gefesselt ist von Theorien, je mehr er sich wiederum dem Hammer anvertraut, desto wahrhaftiger wird sich das Leben der Vorwelt in ihm spiegeln.

Es ist ja gar nicht so wenig, was wir von diesem vergangenen Leben in Händen halten. Lebt in unsern Händen die rechte Magie, so läßt ein Dämon die Steine reden. Und wieder ist es Blut von unserem Blut, das wir rauschen hören. Weltenaltes Rauschen, dessen Ton Geheimnis ist! Wie die Schöpfung wuchs und wurde, wir wissen es nicht. Wir wissen nur, daß es anders war, als die auf seelenlosen Zufall gegründete Abstammungslehre alter Schule es mit Anspruch behauptete. Hören wir Prof. Dacqué, den in der ganzen Welt bekannten Vertreter deutscher paläontologischer Forschung, der auf Grund eines Überblicks ohnegleichen zusammenfaßt, was seine Wissenschaft zur Abstammungsfrage zu sagen hat:

»Je reicher ... das Material zufloß und je gründlicher es vergleichend anatomisch studiert werden konnte, um so mehr zeigte es sich, daß von geradlinig und harmonisch sich entwickelnden Stammreihen nietwas zu finden ist. Alles löst sich in eigene Typen und Formenkreise auf. Das gewöhnliche Stammbaumbild, wie es durch die klassische Deszendenz-

oder Abstammungslehre vorausgesetzt wurde, hat sich nirgends entdecken lassen.«

Das ist die Erkenntnis, in die unsere Wege zum Leben der Vorwelt münden. Wie alles Leben, ist auch dieses größer als die Deutung, die der spätgeborene Geist ihm gibt.

Pan wandert über die Rieselfelder

PAN ist nicht gestorben, wie voreilige Berichte glauben machen wollten. Götter sterben nicht. Götter altern nicht. Pan ist jung geblieben. Er hat eine kluge Maske gewählt, um seine Jugend zu bewahren: Graue Bartzotten wachsen auf seinem verwitterten Antlitz, grau ist der Filz zwischen seinen Hörnern, grau die Wolle, die seine Brust bedeckt. Aber die Lippen, die über seine alte Syrinx aus den Sümpfen von Mykene gleiten, sind die Lippen eines Knaben. Er spielt noch immer das Lied von den vier Jahreszeiten, er hat es schon millionenfach gespielt, immer dasselbe Lied, das jedesmal anders klingt.

Pan spielt die Welt, spielt uns alle über die sieben Flöten der Syrinx aus den Sümpfen von Mykene dahin, immer wieder, immer wieder. Er wird nicht müde. Götter werden nicht müde. Das Lied? Er fragt es nicht. Er läßt es erklingen, und siehe, es klingt!

Der Holunder ist verblüht, in den Schrebergärten leuchten die Malven, der Juli bebrütet die Vorstadt. Mittag. Pans Stunde.

Der Gott will wissen, wo man noch glaubt an ihn in Mitteleuropa. In den Städten ist er nur ein Spuk und wird mit dem Teufel verwechselt. Die Wälder hat man ihm verleidet, als man Nutzholz emporriß zum blassen, gelangweilten Himmel, als hohe Stämme mit winzigen Wipfeln in Reih und Glied aus einer Erde ragten, die kein Unkraut mehr kannte. Pan hat sich gerächt.

Auf seiner Syrinx hat er eine Sturmflut von Raupen herbeigeblasen und ihr den Nutzwald anheimgegeben. Kein Vogelvolk konnte das Vernichtungswerk eindämmen. Sie hatten ja keine Nistgelegenheit, die gefiederten Beschützer der Wipfel. Vertrieben waren sie worden gleich ihm aus den Wäldern ohne Unterholz. Nun mochten die Kiefer der Raupenheere nagen und nagen, bis totes Gestänge umherstand, ein Hohn auf das, was einst Wald hieß.

Pan ist rachsüchtig. Er hat sich schon einmal gerächt, in andern Ländern, die den Wald ausrodeten und mit ihm die kleinen Begleitpflanzen zu Füßen der Stämme. Die Menschen wissen wenig vom Unkraut. Pan aber liebt es, das Unkraut der Wälder. Er hat es gesegnet mit Gift. Maiglöckchen, Fingerhut und andere Waldpflanzen bergen Herzgifte, die der Arzt und der Apotheker kennen. Herzwirksame Glykoside heißen sie in deren Sprache. Werden sie aus den Pflanzen extrahiert und dem leidenden Menschen eingegeben, so regen sie bei ihm den Säftestrom und sein regulierendes Organ, das Herz, gewaltig an. Das wissen die Ärzte seit Jahrhunderten. Pan aber weiß seit Jahrtausenden mehr, viel mehr. Er weiß, daß die Unkräuter, die Träger herzwirksamer Glykoside sind und von denen die Heilkunst nur eine Minderzahl kennt, den Säftestrom auch im Leben des Waldes entscheidend unterstützen.

Pan, der Arzt der Wälder, hat sein uraltes Verfahren, und er wollte es niemals preisgeben. Aber Götter sind großzügig, und in einer gutgelaunten Stunde hat er es dem Stuttgarter Arzt und Biologen Dr. Karl Fahrenkamp zugeflüstert. Fahrenkamp traute zunächst seinen Ohren kaum. Er war mißtrauisch, wie es sich für einen Gelehrten schickt, wenn ein nackter Gott zu ihm spricht. Deshalb überprüfte er die Botschaft Pans an Hand umfangreicher Versuchsreihen. Er fand sie bestätigt. Götter lügen nicht.

Wenn die Unkräuter des Waldes, in denen herzwirksame Glykoside gebildet werden, genug des Giftes aufgespeichert haben in ihrem grünen, atmenden Leibe, schickt Pan den andern Arzt alles Lebendigen, den Tod, in der Maske des Herbstes durch die rauschenden Reviere. Wie jeder Arzt, muß auch dieser die Kunst der Arzneibereitung verstehen. Er macht es sich leicht. Die einfachsten Methoden bleiben ohnehin die wirksamsten, das ist ein altes Geheimnis. Bald ist der Boden des Waldes bedeckt mit welkem Kraut, mit Tee. Wir wissen heute, und Pan weiß es seit je, daß kalte Teeaufgüsse arzneilich in der Regel gehaltvoller sind als überbrühte. Nachdem der Tod den Tee getrocknet hat, stellt Pan den Aufguß her. Regenwolken treibt er über die Wälder hin, wochenlang. Stürme jagt er hinterdrein und feuert sie mit wüsten Dissonanzen seiner Syrinx an, den Wolken alles Wasser zu entreißen und es auf die Erde zu schleudern. Vom September bis tief in den November hinein erschöpft er sich in diesem Dienst an seinen grünen Kindern. Dann ruht er aus. Pan träumt. Er kühlt sich die heiße Stirn. Winzige weiße Sterne flattern in Unzahl über Wald, Feld und Stadt hernieder, bis die Erde zum Weihnachtszimmer geworden ist. Wenn der Februar kommt, wird Pan auch diesen Zauber zurückverwandeln in Wasser, damit der Teeaufguß ausgenützt werde bis zur Auslaugung der letzten Herzgiftspuren. Und nun hat der Waldboden, was er braucht: Anregung des Säftestroms für seine Bäume.

Als Pan über all das mit dem Doktor Fahrenkamp sprach, erwiderte dieser, der als Naturwissenschaftler das quantitative Denken beherrschte, es sei doch eine unausdenkbare Verdünnung der herzwirksamen Glykoside, die so zustande käme. Wenn das noch auf den Riesenorganismus des Waldes zu wirken vermöge, so wäre es – was die Dosis betrifft – Homöopathie! Pan lachte. Götter haben keine Angst vor Worten und Begriffen. Dann ließ er den Arzt allein.

Als Fahrenkamp festgestellt hatte, daß Pflanzen in konzentrierten Herzgiftextrakten absterben, in homöopathischen Verdünnungen aber eine erstaunliche Anregung all ihrer Lebenserscheinungen erfahren, gab er dem Gott voll Freude recht. Samen in Glasschalen, die mit Fingerhut-, Maiglöckchen- und anderen herzwirksamen Pflanzenextrakten in hoher Verdünnung benetzt werden, sind nur wasserbenetzten Kontrollsamen in Wachstum und Entwicklung des Keimes weit überlegen. Schnittblumen in solchen Verdünnungen faulen und welken nicht, im Gegensatz zum Normalfall, sondern mumifizieren unter Beibehaltung ihrer Farbe und ihres Duftes. Leicht verderbliches Obst, in das die hochverdünnten Extrakte hineingespritzt werden, bleibt frisch und von ausdauerndem Wohlgeschmack. Nach diesen und anderen Prüfungsergebnissen spricht der Stuttgarter Gelehrte von einem universellen Lebenshormon, das in den hochverdünnten Herzgiften entdeckt zu sein scheint. Und er weiß nun auch, welchen Sinn das Unkraut des Waldes hat. Alles im Kosmos hat seinen Sinn. Ein Kosmos, in dem auch nur eine einzige Sinnlosigkeit geschähe, wäre im gleichen Augenblick Chaos. Pan weiß das seit je.

Die Menschen wissen das meist nicht, darum rächte sich Pan an den Vernichtern seiner Wälder in denjenigen Ländern, die einst allen Wald abholzten und ihn heute, um Klimastürze zu vermeiden, zurückhaben möchten. Dies gelingt dort jedoch nicht. Mit dem Walde verschwand nämlich auch dessen Unkraut, und nun will nichts mehr wachsen, weil es im Frühjahr seinen Tee nicht bekommt. Pan, dem das durch den Kopf geht, reibt sich die Hände. Sein Herz ist stets auf seiten des Lebens, auch wenn die Menschen sich zu Unrecht davon abwenden. Unkraut und Kleintiergewimmel gehören dazu.

Wo glaubt man noch an mich in Mitteleuropa, fragt er sich abermals. Auch auf den Äckern ist er nicht gern gesehen, wenn er mit Maulwurfsgrille, Drahtwurm, Franzosenkraut und Mutterkorn im Gefolge angezogen kommt wie ein wandernder Scharlatan, ein Steifbruder des weisen Eulenspiegel. Aber die Rieselfelder sind noch sein. Er trauert nicht darüber, er fühlt sich nicht verdrängt. Götter werten anders als Menschen.

Die Dorfkirche schickt zwölf Glockenschläge ins glühende Land. Der Mittag schläfert die Häuser und Scheunen am Ufer der riesigen Rieselfeldebene ein. Ganz fern, nur als ein dunstiges Gebirge aus emporgewirbeltem Ruß, ist die Stadt zu sehen. Pan, der sich an den letzten Zaun des Dorfes lehnt, blickt hinüber und denkt an das adamjunge Geschöpf, dem er damals emporhalf zum aufrechten Gang und auf das er so große Hoffnungen setzte. Oft war er schon drauf und dran, die Insekten zu Herren der Erde zu machen, statt dieses schöpferisch ursprunghaften Säugers, an den er einmal sein Götterherz verlor. Ganz entschieden hat er sich noch nicht, aber wenn er es recht bedenkt, will er es immer wieder einmal versuchen.

Heute jedoch hat er die Stätte gefunden, die noch an ihn glaubt. Er kehrt heim zum Schlamm, zur Fäulnis, zum Gestank, zum gärenden Schoß des Werdens, zu seiner alten Brut.

Vorher wirft er einen neugierigen Blick auf die Kläranlagen, die in großen Gebäuden untergebracht sind und der ersten, gröbsten Reinigung des Jauchwassers dienen, das den Kloaken der Stadt entströmt und hingepumpt wird zum Rieselfeld, um dort noch nützlich zu sein. Da gibt es riesige Drehscheiben mit Widerhaken, über die sich Kot- und Abwasserkatarakte ergießen, damit ihre große und feste Fracht von den Haken festgehalten wird. Rotierende Bürsten, unter denen Loren warten, kehren den Unrat von der Drehscheibe herunter, der nun seine Kleinbahnreise nach dorthin antritt, wo der Boden ihn braucht.

Pan weiß, daß zu allerletzt das Rieselwasser noch durch Koks und Sand gefiltert wird, bevor es wieder quellrein und klar ist. Aber zwischen der ersten, von ihm soeben betrachteten, und dieser letzten mechanischen Klärung dehnt sich der organische Selbstreinigungsprozeß des Wassers aus. Um seinetwillen fand der Gott den Weg zum Rieselfeld. Hier braucht man ihn, hier ist er groß wie einst, als er am Ufer der Flüsse Attikas Jagd auf Nymphen machte.

In den Staubecken, Rieselgräben, Teichen, Pfützen und Moderflekken, die überall inmitten der bepflanzten Felder aufspiegeln, wütet, wogt und windet sich das unendliche Leben. Nach jedem Schritt bleibt Pan stehen, starrt seine Getreuen an, in deren Leibern sein Lied zu Fleisch geworden ist, und lächelt das vieldeutige Lächeln, an dem er und sein gewaltiger Bruder Dionysos einander erkennen.

Um Pans Nüstern weht der Rieselfeldgeruch. Er ist ihm nicht fremd. Weshalb die Menschen eigentlich ausweichen, wenn dieser Odem zu ihnen hindringt? Sie sollten lieber zuweilen hinauswandern auf die Rieselfelder, weil dort das Herz des großen Pan weit aufgerissen liegt, das Herz, ohne dessen Liebesgewalt sie längst bei Wurm und Assel wohnten. Der Geruch der Schöpfung ist zu Anfang und zu Ende der gleiche. Nur zwischendurch, wenn das Leben hoch und herrlich ist, gilt er als schlecht. Pan denkt anders darüber. Über ein Staubecken geneigt, das noch stark verunreinigtes Wasser enthält, atmet er den Hauch der Fäulnis mit einem Leuchten in den Augenwinkeln ein, als entsänne er sich längst vergangener Tollheiten. Kein Sauerstoff gibt am Grunde des Wassers den Lebewesen Atemmöglichkeit. Schleimig-graue, zerfetzte Fladen bedekken die Steine und Pflanzen dort unten: Abwasserpilze. Sie schätzen eine gewisse Bewegtheit des Elements durch Wind, wie er immer über die Ebene wandert, oder durch Strömung, um das Wenige, was ihnen an Sauerstoff erwünscht ist, dadurch zugeführt zu bekommen. Helle Häutchen, Schwefelbakterien, die sich von der Ursache all des Gestanks, dem Schwefelwasserstoff, ernähren und in deren Zellen sich Schwefelkörnchen finden, sind gleich im trüben Tümpel nebenan zu finden, wo Pan sie anbläst, bis sie wie gespenstische Kotdämonen durch das Zwielicht schweben.

Gewürm will Pan zu seinen Füßen wissen, und er legt sich lang auf den Boden, um es zu suchen in den verschmutzten Lachen. Rötlich spielen die Tubifex-Würmchen, mit dem Kopf in ihren Röhren steckend, am Grunde hin und her. Ihre wogenden Leiber geben den Tanz nicht auf, weil Juli, Sonne und verjauchtes Wasser ihnen Seligkeit und Sinnverwirklichung bedeuten. Vor dem Gott, der zu ihnen hinabschaut, schlüpfen sie nicht mit einem Ruck in die schützende Röhre hinein. Ihm gegenüber ist Mißtrauen unangebracht.

Fliegen, goldfarbig glänzend, umspielen die Ufer der ärgsten Tümpel auf der Staufläche. Fast zu sehen ist hier der Gestank, selbst den tanzenden Würmern wird an solchem Ort der Lebensraum zu eng. Statt dessen kriecht ein anderes Wesen in Wasser und zähem Unrat umher. Pan freut sich, es wiederzusehen. Wie eine Ratte sieht es aus, und als er das letztemal mit ihm zusammentraf, war es auf einem baufälligen, ländlichen Abtritt. Dieses sich walzenförmig dahinwindende Tier mit nacktem Rattenkörper, der in einen dünnen Schwanz ausläuft, ist nicht größer als das Endglied seines kleinen Fingers, doch seine wahre Größe liegt anderswo. Für Menschen repräsentiert es eine unbeschreibliche Ekelhaftigkeit, die unterstützt wird durch sein Vorkommen in Kot, Jauche und Fäulnis. Für Pan aber ist es ein Herold seiner Größe. Der sieghafte Wille des Lebens erobert auch Höllen und alle Abgründe der Pest. Dieses absonderliche Geschöpf vermag nicht zu atmen in seiner grauenhaften Umwelt, aber das Schwänzchen, das es hinter sich herschleift, ist durchbohrt. Zuweilen streckt es dieses Röhrchen aus Schlamm und Schlimmerem heraus. Dann dringt Hauch desselben Äthers in sein Blut, der auch das Blut des Menschen lebendig macht. Eigentlich gehört die Rattenschwanzmade der höheren Welt an. Ein »inneres Werdeziel«, wie der Zoologe Prof. Karl Camillo Schneider den von Aristoteles geprägten Begriff »Entelechie« genial verdeutschte, hebt sie eines Tages empor aus dem Jauchpfuhl und verwandelt sie in eine der golden leuchtenden Fliegen, die am Ufer die Schläfen des Pan umschwirren. Der Gott weiß, weshalb die Fliegenbrut immer wieder hinabsteigen muß in die Tiefen des Unrats, bevor ihr ein goldener Leib und ein Flügelpaar verliehen wird. Die Menschen wissen es nicht. Die Rattenschwanzmaden auch nicht. Aber beide ahnen es, wenn Pan die Syrinx bläst.

Insektenblut ist kein rotes Blut. Insekten atmen durch Luftröhrchen, Tracheen, die ihre Organe umspinnen. Wenn im Wasser lebende Insektenlarven nicht an die Oberfläche steigen, um Atem zu schöpfen, so verfügen sie über umgewandelte Tracheengebilde, die als Kiemen funktionieren. Echte Kiemen jedoch sind das nicht. Zu diesen gehört ein rotes

Blut, das unmittelbar den Sauerstoff aus dem Wasser entnehmen kann. Als Pan die Tiere schuf, spielte er mit einer Vielfalt der Möglichkeiten, aus denen er die Melodie des Lebendigen komponierte. Sein verlorener Sohn, der Mensch, glaubt in den Motiven des gewaltigen Liedes Gesetze zu erkennen. Aber der Gott hat seine Schöpfung nirgends eingezwängt. Von jedem Motiv gibt es Unter- und Obertöne, Dissonanzen, musikalische Scherze, Paraphrasen, geboren aus glückhafter Laune. Immer tanzt irgendein Kind des Pan aus der Reihe, sobald der Mensch sich im Besitz eines Schemas wähnt. Und deshalb gibt es Insektenlarven mit echten Kiemen, mit rotem Blut.

Es sind die Zuckmückenlarven, die purpurfarben im Wasser des Staubeckens umherspielen. Pan folgt mit heiteren Augen ihrem Erleben des Julitages. Er denkt daran, daß die Menschen für den geheimnisvollen Umwandlungsprozeß, der sich bei vielen Insekten zwischen Larven- und Vollinsekt-Stadium mittels einer Auflösung und Neuorganisation sämtlicher Körpergewebe abspielt, das Wort Puppenruhe geprägt haben. Auch hier gönnt er ihnen das Schema nicht. Die Puppen der Zuckmücken ruhen durchaus nicht, sondern schwimmen genau wie die Larven im Wasser umher als schlanke Tierchen mit verdicktem Oberleib, einem die Bewegung verursachenden, hin- und herschlagenden Hinterkörper und weißen Haarbüscheln, die auf der Wasseroberfläche leuchten. Ein Wesen, das eigentlich zur Vollendung der durchgreifenden Umbauarbeit in seinem Organismus der Ruhe bedürfte, statt dessen aber munter umherschwimmt! Im Sprachschatz der Götter scheint das Wort »eigentlich« nicht vorzukommen.

Pan hat heute vor, die Teiche, Tümpel und Gräben abzuwandern nach dem Grad ihrer Verunreinigung durch Fäulnis und Getrübtheit. Er weiß, daß er seine Geschöpfe dann in bestimmter Reihenfolge trifft. Das macht ihm Freude, zumal er sich dabei abermals davon überzeugt, daß hier und da ein Außenseiter die erwartete Reihenfolge nicht innehält. Was den Gott erfreut, ist dem Menschen oft ein Ärgernis. Die hygienischen Zoologen sind bemüht, für ihre biologischen Wasseranalysen ein System der Schlamm- und Schmutzwasserorganismen aufzustellen, das ihnen ermöglicht, auf Grund vorkommender Leitformen die Qualität des Wassers zu bestimmen. Die deutschen Professoren Helfer, Kolkwitz, Wilhelmi und Wundsch haben viel praktisch Brauchbares in dieser

Hinsicht ausgearbeitet, und die biologische Wasseranalyse ist heute unentbehrliches Rüstzeug bei der Seuchenabwehr großen Stils. Aber wie alle Systeme hat sie Lücken. Der zottige Gott will keine Vergewaltigung dessen, was sein ist, zulassen.

Sein Blick folgt der Wasserassel, die im sauerstoffarmen Tümpel umherkriecht, als sei er ihr behaglichstes Element. Mit ihren langen Kopfantennen und den zierlich ausgestreckten Schwanzfüßchen am breiten Hinterleib unterscheidet sie sich beträchtlich von den derb gepanzerten Verwandten auf dem Lande. Sie ist ursprungnäher als diese. Sollte das Wasser nicht immer ursprungnähere Tierwelt beherbergen als das trockene Land? Aber der Wal ist doch eins der allerspezialisiertesten Säugetiere, hat doch die von einer Ursprünglichkeit weitestgehend abweichenden Umkonstruktionen seines Baues vollzogen! Und der Gelbrandkäfer ist dem Ursprung des Käferhaften ferner als der Goldlaufkäfer, der als grünspanglänzender Mörder über die Wege zwischen den Klärwiesen eilt. Zunächst stammt jegliches Leben aus Wasser und Schlamm. Vieles bleibt dort geborgen seit dem ersten Tage. Anderes geht aufs Land oder erhebt sich in die Lüfte. Drittes schließlich kehrt heim zum Wasser, auf dem Umweg über ein anderes Element. Wie dem auch sei, gänzlich dem Ozean entrinnt kein atmendes Geschöpf. Sein Blut bleibt immerdar Wasser des Weltmeers, und selbst der Mensch trägt als Mahnmal an seine Herkunft Organe in sich, die auf ein Wasserleben hindeuten. Des Säuglings Nieren und Milz sind gelappt und gekerbt – übrigens im Gegensatz zum jungen Affen -, später erst verliert er dies Merkmal des Wassersäugetiers. In einer nicht allzu kleinen Anzahl von Fällen bleibt aber Lappung und Kerbung beider Organe lebenslänglich vorhanden, gemeinsam mit zwei anderen Abweichungen vom Körperbau des Erwachsenen, mit der trapezförmigen Lunge und dem trichterförmigen Ansatz des Wurmfortsatzes am Blinddarm. Ein solches Erhaltenbleiben von Vorfahrenmerkmalen, wie es auch sonst im Reich des Lebendigen immerfort vorkommt und uns wertvollste Schlüssel zur Deutung des Aufbaus der Arten liefert, nennt der Biologe nach einem von Westenhöfer geprägten Fachausdruck Progonismus. Mit Hilfe einer immer eingehenderen Erforschung der Progonismen setzt sich in der theoretischen Biologie unserer Zeit die Erkenntnis des selbständigen Aufbaus der Arten, der Eigenlinie in der Entwicklung, sieghaft durch.

Zugleich steigt der nordische Genius Carl von Linné riesenhaft aus seinem Grabe.

Pan weiß, er wird die Wasserassel wiederfinden in Tümpeln, die weniger verschmutzt sind als dieser, vor dem er jetzt noch schweigend hockt. Nach ein paar Schritten sind Gräben da, in denen grüne Gründe verraten, daß ein Pflanzenwuchs trotz noch immer trüben Wassers genug Sauerstoff für sein Leben findet. Jetzt, in der Julisonne, bemächtigen sich die Pflanzen – Pfennigkraut und Wasserpest – der im Wasser gelösten Kohlensäure, die ihnen Baustoff liefert. Dafür geben sie Sauerstoff ab. Aus den untergetauchten Blattwinkeln steigen Perlenketten klarer Bläschen unaufhörlich zur Oberfläche empor. Pan vernimmt das leise Knistern der überall auf dem Wasserspiegel zerplatzenden Bläschen des kostbaren Elements. Zugleich sieht er, wie er es erwartete, auch in diesem Gewässer die Wasserassel umherspazieren, die selbst hier ihre Verwandtschaft mit den Landasseln nicht verleugnen will: Ihr imponiert keinerlei Ungunst des Lebensraums, sie dringt überall hin, vom Jauchenpfuhl bis zum klaren Teich. Sie ist in bezug auf ihren Lebensraum ein Könner, während viele andern Tiere einfach müssen. Das Müssen gilt für den Spezialisten, das Können für den Universalisten. Pan hat diese Erkenntnis dem Menschen, als er ihn werden hieß, zugeflüstert. Wenn der Mensch auch seine übrigen Lehren mißachtet hat, das eine erkennt der Gott mit Befriedigung an: Universalist ist dies Geschöpf geblieben bis heute. Es steht dem Ursprung aller Säugetiere noch immer am nächsten, dem Ursprung, der eine unermeßliche Verheißung war.

Neben der Wasserassel lebt im grünen Graben ein lungenatmendes Schneckenvolk, das zeitweilig zur Oberfläche gekrochen kommt oder gleich an deren Gespanntheit mit seiner Leibessohle hängen bleibt, sein seitliches Atemloch mit leise schnalzendem Laut öffnet und Luft aufnimmt. Posthornschnecke und Schlammschnecke benagen die Pflanzen, kleben ihren Laich an deren Stengel oder an Steine, sind auch zuweilen tief drunten am Boden zu erspähen, wo die schöngebänderte Sumpfdeckelschnecke wohnt, die durch Kiemen atmet und, wenn sie sich in ihr Gehäuse zurückzieht, dessen Eingang mit einer richtigen Tür verschließt. Sie bringt lebendige Junge zur Welt. Im gleichen Graben weiß Pan Wasserschnecken von so verschiedener Lebensweise.

An einer Stelle hellt sich durch Ausfall des Pflanzenbewuchses das

Grabenwasser eine Strecke lang auf. Flache Steine liegen dort am Grund. Auf ihnen sitzen seltsame, geringelte Keulen, die sich nach oben hin verdünnen und am Kopfende zwei Borstenkränze tragen. Es sind die Larven der Kriebelmücke, die mit ihren Kopfreusen das Wasser nach Zerfallstoffen aller Art abfiltern und dann den so erlangten Fang ihren kräftigen Kiefern zuführen. Pan rührt einen der Steine an. Die Larven, die vordem angelnde Bewegungen ausführten, beginnen nun zu wandern. Sie strecken das Kopfende fort, verankern es und ziehen den Hinterleib nach. Genau so findet die Bewegung der Blutegel und einer Anzahl Raupen statt. Auch die Schneider maßen auf solche Weise früher den Stoff aus, indem sie den Daumen zum Zeigefinger und diesen dann wieder vom Daumen fort bewegten. Die Kriebelmückenlarven müssen jedoch, um eine solche Spannerbewegung – wie der Fachausdruck dafür heißt – ausführen zu können, die Möglichkeit einer Verankerung von Kopf und Hinterleib besitzen. Die dort befindlichen Haken fänden auf Steinen keinen Halt, deshalb vermögen die Larven ein Gespinst auf den Stein zu kleben, mit dessen Hilfe sie Ankergrund finden. Oft müssen Tiere sich den Untergrund der ihnen gemäßen Fortbewegung erst selbst schaffen. Landschnecken schwimmen auf dem Schleim dahin, den sie zu diesem Zweck erzeugen.

Pan, verspielt und von nie versiegender Neugier besessen, hebt einen der Steine mit den Kriebelmückenlarven aus dem Wasser empor. Sofort sinken die Tiere wie Spinnen an ihren eigenen Fäden herab, um wieder zu ihrem Element zurückzufinden. Der Gott lächelt ihnen zu. »Bleibt nur vorläufig dort, wo ihr hingehört. Auch euch wird die Stunde schlagen, da ihr beschwingt und wiedergeboren einem anderen Reich angehört. Bald wickelt ihr euren Leib in eine gelblichbraune Tüte, die ihr am Stein festklebt, um euch darin zu verpuppen. Dann könnt ihr nicht mehr, wie jetzt, allein durch die Haut atmen. Zwei Büschel langer Fäden müßt ihr aus der Tüte herausragen lassen, und diese Büschel werden für euch atmen im langsam dahinströmenden Wasser, bis ihr Kribelmücken seid, Gnitzen, schwarze Wolken einer Peinigung für Mensch und Vieh. Ganze Rinderherden vernichtet ihr dann, stechend, eindringend in Mund, Ohr und Auge, Urheber geschwürigen Schleimhautzerfalls, wahre Dämonen und dennoch schuldlos, schuldlos wie alles, was mir untertan ist.«

Pan kennt die Stimme der Menschen nur allzu gut, die ihn deshalb bitter anklagt. Der Mensch, der das Tier der Wildnis zum Späßemachen im Zirkus zwingt, der seine Herden ins Schlachthaus treibt, ist fassungslos, wenn Pan selber mit seinen Geschöpfen spielt. Er ahnt die Größe des Gottes nicht, begreift nicht, daß ein Sinn auch dort noch wohnt, wo kein Geschöpf ihn mehr zu erfassen vermag.

Einige Menschen, in einem fernen Land, schienen mich besser verstanden zu haben als diese weißen Zweck-Barbaren, denkt der Gott. Und er erinnert sich eines Märchens, das sich die Kinder an den Hängen des höchsten Gebirges der Erde erzählen: Da waren einmal drei Heilige von einer Vollkommenheit ohnegleichen. So groß waren ihre Verdienste, daß sie sich nicht mehr um Lasten dieses irdischen Lebens zu bekümmern brauchten. Die Mäntel, die sie mit sich führten, schwebten, von dienstbaren Luftgeistern getragen, hoch über ihnen. Das war das äußere Erkennungszeichen ihrer Heiligkeit. So, überschwebt von den farbigen Mänteln, schritten sie alle drei versunken an einem Teich dahin. Ein Reiher kam geflogen, senkte sich zur Oberfläche des Teiches nieder und ergriff dort einen Fisch, der in seinem Schnabel zappelte, während er ihn zu seinem Horst entführte. Der erste Heilige sah das, spürte Mitleid mit dem Fisch und Zorn gegen den mörderischen Reiher – da fiel sein Mantel zu Boden. Sein Gefährte erriet die Ursache dieses Ereignisses und dachte daran, daß doch der Reiher verhungern müsse, wenn er keine Fische mehr finge. Deshalb käme es weniger auf den Fisch als auf den herrlichen Reiher an, der im Recht sei, wenn er sich des Fisches bemächtigte. Kaum hatte er das gedacht, fiel sein eigener Mantel ebenfalls zu Boden. Der dritte Heilige hatte, genau wie seine Gefährten, Fisch und Reiher wahrgenommen, das Bild war durch das Tor seiner Seele getreten als das, was es wahrhaft bedeutet: als Gleichnis. Und sein Mantel blieb schweben.

Pan freut sich bei dieser Erinnerung an eine Zeit und ein Volk, die ihn recht erkannten. Wenn Götter sich nicht freuen würden, sobald in ihren Geschöpfen Erkenntnis aufleuchtet, die Welt wäre niemals Wirklichkeit geworden.

Je reiner und klarer das Wasser der Staubecken und Gräben wird, desto mehr verliert die darin umherwimmelnde Tierwelt ihren Rieselfeldcharakter. Pan begrüßt sie alle wieder, die er so oft antrifft in Tümpeln, Teichen und Wassergräben der Vorstadt. Wasserskorpion und Rückenschwimmer, Köcherfliegenlarven und den seitlich flachgedrückten Flohkrebs, dessen Vorkommen meist auf hochgradig reines Wasser beschränkt ist. Neben Wolken von Wasserflöhen tauchen der Gelbrand und seine Larve auf, auch der Stichling ist wieder da, alles in einer erstaunlichen Anzahl und mitten im urhaft durchwachsenen Waldgewirr des Unterwassergeländes, das hier nicht den melancholischen Reiz des Vorstadtgrabens mit seinem verstreuten Gerümpel, sondern die Prunkhaftigkeit des satten Juli darbietet. Oft sind Vorhänge grellgrüner Entengrütze über diese Welten gebreitet. An der Unterseite einzelner Wasserlinsen, aus deren Unzahl sich die Entengrütze zusammensetzt, hängen grünliche und braune Polypen, Hydra genannt, weil sie in viele Stücke zerschnitten werden können wie das Fabeltier, ohne daß sie dadurch zu vernichten sind. Aus jedem Teilstück wächst ein ganzes Wesen. Hydra ist ein Tier, dessen Ursprungsnähe noch so groß ist, daß die in seinen Zellen schlummernde Vielfalt der Möglichkeiten hinreicht, um immer wieder die Ganzheit aufzubauen, wenn sie zerstückelt wird. Je höher sich das Tierreich spezialisiert, desto geringer wird das Vermögen der Wiederersetzung verlorener Ganzheit.

Molche vermögen noch ganze Beine nachwachsen zu lassen, bei den Säugetieren aber reicht das Wiederherstellungsvermögen nur noch zur Wundheilung und zum Genesungsprozeß im Krankheitsfalle. Das ist nicht wenig. Auch dabei spielt die übergeordnete Ganzheit eine entscheidende Rolle.

Neben der Hydra leben kleine, flache Würmchen, Plattwürmer, deren Körper von winzigen, strudelnd bewegten Härchen überzogen ist, durch deren ununterbrochenes Flimmern das Tier dahingleitet wie eine Schnecke. Auch diese Plattwürmer sind Meister des Wiederherstellungsvermögens im Zerstückelungsfalle. Schneidet man ein solches Tier in drei Stücke, entsteht aus jedem Teilstück eine ganze Planarie, wie der wissenschaftliche Name für Plattwurm lautet. Woher wissen nun die bereits stark spezialisierten Zellen des Hinterleibs, wie man einen Kopf, ein Mittelstück wachsen läßt? Wieder gilt es, Ernst zu machen mit dem Begriff Entelechie, der ja kein abstrakter Begriff, sondern eine lebendig-konkrete Überwirklichkeit ist. Dieses »innere Werdeziel«, auch der Mensch kennt es ! Nicht nur in seinem Leibe verborgen ruht es, um in Erscheinung zu treten, sobald Arbeit im Dienste bedrohter Ganzheit erfordert wird, sondern es lenkt vor allem sein inneres Sein, sein Geist-

und Seelengeschehen. Aus dieser Erkenntnis heraus fand der Dichter Friedrich Rückert die gültige Form für das gewaltig Wirkende, das aus einem Plattwurm-Drittel den ganzen, neuen Plattwurm, das aus einem suchenden Kinde den sieghaften Selbstvollender schafft:

»Vor jedem steht ein Bild
Des, das er werden soll.
Solang'er das nicht ist,
Wird nicht sein Friede voll.«

Pan, der, wenn er aus seinem gebräunten Leibe fährt und wieder als gestaltlose Gottheit die Schöpfung von Innen her lebendig macht, selbst Entelechie ist, hat heute die alte Erdenform zum Kleid gewählt, in der wissende Zeitalter ihn schauten. Er ist dieser Form froh wie ein Knabe, weil nur als Gestalt das Leben die Lust an sich selbst zu empfinden vermag. Also erhebt sich der Gott, die Syrinx in der Rechten, hoch aus dem Schlamm und läßt seine Augen noch einmal über den heißen Sumpf inmitten endloser Kultursteppe gleiten.

Einige Kadenzen der sieben Flöten locken die Sonne zum Nordwesthorizont hin. Unken, über die sich das bockhafte Antlitz beugt, nehmen ihre Schreckstellung ein und wenden den scharlachgefleckten Bauch nach oben. Pan treibt die Sonne noch tiefer hinunter, der Wachtelkönig beginnt zu knarren in den Kräutern der Rieselwiesen, es versiegen die Kiebitzschreie, statt ihrer schwillt der Lärm quakender Frösche zur Kuppel hin, die sich mit Sternen füllt.

Jetzt ist es Zeit, weiterzuwandern. Götter sind heimatlos. Der Abschied fällt dem Syrinxbläser nicht allzu schwer. Vielleicht wird er wiederkehren, wenn im Herbst die Kranichzüge über die Rieselfelder hintrompeten und letzte Ebereschen an den Wegen leuchten. Rückschauend und rastend lehnt er sich an einen Pfahl, der ein Warnungsschild trägt: »Betreten verboten!«

Leib, Liebe, Ewigkeit

Ein Zwischenspiel

DIE Offenbarung reinsten, innersten Sinngehalts – sagst du zu mir – scheint dir die Liebe zu sein. Du sagst es, während wir durch ein Villenviertel schreiten, in dessen blühenden Gärten der Abend alle Amseln anspornt, noch einmal das Wissen ihres Bluts hinzuströmen als Melodie von unbeschreiblicher Süße.

Ich soll dir etwas erwidern, deine Augen fordern es von meinen Lippen. Jedoch Worte und innerster Sinngehalt haben wenig Berührung miteinander. »Worte sind blinde Löwen, die in der Wüste nach Wasser suchen«, sagt der französische Mystiker Léon Bloy, ein Wortgewaltiger. Wir wollen im Weiterschreiten Schauende sein, und dann erst werden sich Worte finden, um das Unsagbare herbeizuholen.

Wir sprachen zuvor von den Bäumen. Du kanntest die wenigsten nur. Als du die Akazie nanntest, erzählte ich dir, daß sie eigentlich eine Robinie sei, daß es echte Akazien nur in Gärtnereien gebe und auf dem Blumenmarkt. Die Mimosen, leuchtend gelb, die du dort kaufen kannst, das sind in Wahrheit blühende Akazienzweige! Die echte Mimose wiederum, sprichwörtlich berühmt wegen ihrer Empfindlichkeit, ist bei uns nur als Treibhausgewächs zu bewundern. Verwirrung der Namen! Wie unwesentlich sind unsere Worte, wenn das Urwort zu uns spricht. Heute und hier spricht es zu uns.

Die Straße, die im Widerschein des golden hinflutenden Westhimmels vor uns liegt, ist von Ulmen eingefaßt. Viele dieser Ulmen recken verdorrte Zweige aus der noch lebendig grünenden Krone hervor. Einige sind bereits gänzlich abgestorben. Lücken in der Bepflanzung weisen darauf hin, daß hier und da ein Baum gefällt werden mußte, um keine Ansteckungsgefahr für seine Nachbarn zu bedeuten. Leider hat diese Maßnahme wenig Erfolg gehabt. Die Ulmenkrankheit wütet weiter, besonders in den Städten. 1918 trat sie in Frankreich epidemisch auf, wanderte über Holland, Westfalen und die Rheinprovinz hinweg bis nach Italien und den Balkanländern, sogar nach Nordamerika wurde sie eingeschleppt, Skandinavien blieb verschont, aber unsere eigenen, herrlichen Ulmenbestände erlitten schwere Verluste. Der Erreger ist ein im Splintholz lebender Fadenpilz. Er befällt gerade die kräftigsten, gesündesten Bäume. Ich will dir das Krankheitsbild zeigen.

Wenn ich einen Zweig dieser Ulme, die noch in Vollkraft zu grünen scheint und nur durch wenige, dürre Kronenzweige ihr Kranksein verrät, mit dem Taschenmesser durchschneide, so siehst du im Innern des weißen Holzes eine schwärzlich-feuchte Verfärbung. Hier wandert der Fadenpilz, Graphium ulmi mit Namen, durch das Leben des Baumes und würgt es sehr allmählich ab. Das Graphium ulmi lebte vor Ausbruch dieser Baum-Epidemie nicht schmarotzend und hat sich eine solche Lebensweise erst seit diesem Zeitpunkt angewöhnt. Seuchen sind immer geheimnisvoll. Auch bei dieser spielt der Konstitutionsbegriff eine Rolle, denn es sind vorzugsweise Stadtbäume, die ihr Leben opfern müssen.

Ich sagte dir, das Ulmensterben sei eine allmählich fortschreitende, eine chronische Krankheit. Das ist auch der Fall, soweit der Erreger, der Fadenpilz, allein am Werk ist. Doch ein Käfer weiß, um seiner Brut willen, die erkrankten Bäume mit ihrem verminderten Widerstand besonders zu schätzen. Wo er auftritt, geschieht das in Form eines ungeheuerlichen Massenbefalls. Nun wird die Krankheit akut, der Baum muß in kurzer Frist sterben.

Wir wollen hinübergehn zu der verdorrten Riesenulme, deren Rinde sich in Fetzen löst. Ein abgerissenes Borkenstück zeigt dir überall Bohrgänge voll gelbweißer Larven des Ulmensplintkäfers. Auch der Käfer selbst ist da, klein und braun. Seine Nachkommenschaft überträgt die Infektion mit Graphium ulmi auf neue Bäume. Die Larve hat im Insektenreich zu fressen, das Vollinsekt aber ist um der Liebe und Arterhaltung willen da. Der beschwingte Käfer mit seinem Begattungsziel ist

Verbreiter des Todes zugleich. Hier schon, an der ersten Ulme, begegnet uns die düstere Durchdringung von Liebe und Tod, die eins der Hauptmotive im Orchester des Lebendigen bleibt.

Ob wir es Liebe nennen dürfen, was die Ulmensplintkäfer zueinander treibt, das soll uns nicht bekümmern. Kein Mensch kann mehr denn ahnen, wie sich in einer anderen Kreatur der Traum vom Leben umsetzt in Lust und Leid. Fest steht nur, daß auch hier eine mechanistische Deutung fehlgeht. Die Tierpsyche besteht auch beim Insekt durchaus nicht aus »Tropismen«, wie der Fachausdruck für Regungen, die mit mechanischer Notwendigkeit zwangsläufig abzulaufen haben, sobald sie ausgelöst werden, lautet. Wir wollen an die in tierpsychologischer Hinsicht besonders wesentliche Honigbiene denken, um uns eine Vorstellung von dem, was als Seele im Tier waltet, machen zu können.

Eine Zusammenfassung unseres gegenwärtigen Wissens vom Innenleben der Bienen verdanken wir dem Zoologen von Frisch. Er konnte uns, gestützt auf Forschungen von Rösch und anderen Gelehrten, darüber unterrichten, daß die einzelne Biene im Lauf ihres Lebens sämtliche im Stock erforderlichen Arbeiten in geordneter Reihenfolge je nach ihrem Entwicklungszustand erledigt. Zunächst pflegt sie, kurz nach ihrem Ausschlüpfen aus der Zelle, die junge Brut im Stock, jene Maden, die aus den Eiern der Königin stammen. Honig, Blütenstaub und ein von den junggeschlüpften Bienen erzeugter Nährspeichel stellen das Futter der Larven dar. Nach dieser Ammendienstzeit verkümmern nun die Nährspeicheldrüsen der Bienen, statt ihrer treten die Wachsdrüsen in Funktion und die Tiere beginnen im Stock als Zellenbaumeister tätig zu sein. Außerdem treten sie kurze Erkundungsflüge an, schaffen Abfälle aus dem Stock fort und übernehmen die Sorge um geeignete Unterbringung der eingetragenen Futtervorräte. Einige Tage Tätigkeit als Wächter am Flugloch bereiten sie vor zum letzten, endgültigen Dienst, der durch das Verkümmern der Wachsdrüsen eingeleitet wird und im Einsammeln von Honig und Blütenstaub besteht. Die Bienen, die hier über uns beiden durch die blühenden Linden taumeln, sind also ältere, wohlvorbereitete Tiere.

Man sollte meinen, rein körperliche Vorgänge, Tätigkeit der Nährspeicheldrüsen, deren Verkümmern und Ablösung durch die Wachsdrüsen, bis auch diese rückgebildet werden, kurz, das jeweilige Entwikklungsstadium entschiede über die Zuordnung der Arbeitspflicht bei der Biene. Das ist nicht der Fall. Wenn man, was durch kluge Experimentalanordnung leicht möglich ist, in einem Versuchsstock durch Teilung das flugfähige Bienenvolk von den noch nicht ausfliegenden Jungbienen sondert und das Jungvolk ohne Trachtbienen sich selbst überläßt, so wird das vorhandene Futter dort sehr bald verzehrt. Eine Hungersnot bricht aus, die Jungbienen vergessen ihre Brutpflegepflicht und es kommt zum Kannibalismus, indem die Leiber der Larven ausgesogen werden. Plötzlich aber, in rechter Stunde der Not, fliegt ein Teil des Jungvolks, lange bevor diese Stunde im Normalfall eingetreten wäre, aus dem Stock und sammelt Futter ein. Das sind noch Tiere, die im Vollbesitz ihrer Nährspeicheldrüsen sind. Nicht der körperliche Zwang, nicht Hormone oder gar Tropismen, sondern der Volksgeist leitet die Jungbienen zu einer Handlungsweise hin, die all unsere Begriffe von äußerer Bedingtheit in der Psychologie niederer Tiere erschüttert.

Gleiches spielt sich im anderen Teil des getrennten Stockes ab, der nur Trachtbienen enthält. Hier ist die Brut durch Mangel an Ammen gefährdet. Auch diesen Schaden ersetzt der schaffende Volksgeist, die sich lebendig-konkret auswirkende Entelechie. Verkümmernde Nährspeicheldrüsen werden wie durch einen magischen Ruf zur vollen Funktion zurückgerufen und bleiben weit länger für Zwecke der Brutpflege in Tätigkeit, als es dem körperlichen Zustand der Tiere entspricht. Nimmt man einem Bienenvolk die Baubienen fort, so gleiten ältere Tiere, die längst andere Aufgaben zu verwirklichen haben, im Dienste der Volksganzheit und ihrer Erhaltung ins Baumeisterstadium zurück. Von einer Bedingtheit des Handelns durch äußere, rein körperliche Mechanismen ist nirgends etwas zu sehen. Im Innern der Biene sind – um jede biologisch-theoretische Formulierung zu vermeiden – Dämonen tätig.

Wir wissen nichts vom Wesen dieser Dämonen, aber ihr Dasein und ihr Wirken ist unserer Beobachtung zugänglich. Wir wissen ebenfalls nichts von dem Dämon, der uns selber lenkt. Der Ulmensplintkäfer, die Honigbiene und wir beide sind nur hin und her irrende Geschöpfe im dämmergoldenen Ozean dieses Sommerabends. Da die Entfaltung des Lebendigen auf immer höhere Bewußtwerdung hinzielt, darf der Dämon in uns versuchen, was ihm in den Insekten mißlungen ist: Das Erkennen seiner Unvergänglichkeit im Schauer des Vergehens.

Mit höherer Bewußtwerdung enthüllt sich dem Geschöpf die Schrecknis des Todes. Im höchsten Bewußtsein versiegt sie wiederum, wenn wir den Religionen des Ostens glauben wollen. Die Biene lebt ohne Beängstigung, vielleicht sogar ohne Schmerz. Wenn einer saugenden Biene der Hinterleib rasch abgeschnitten wird, saugt sie weiter. Nach allem, was wir vom Schmerz wissen und wie wir ihn zu beobachten gewöhnt sind in seinen Wirkungen auf das Geschöpf, scheint die Biene ihn nicht zu empfinden.

Im Tierreich begegnet uns überall die Verquickung von Lust und Schmerz, von Hochzeit und Tod. Und auch in unserem eigenen Lebensbereich kennen wir die Ambivalenz der Gefühle, die immer wieder unbegreiflich, aber dennoch von nicht zu leugnender Wirklichkeit ist.

Für die Eintagsfliegen, die über dem grünen, weidenverschleierten Teich durch die Luft tanzen, fallen Hochzeits- und Todesstunde zusammen. Bekannt ist dir das Schicksal der Spinnenmännchen, die nach vollzogener Begattung vom Weibchen aufgefressen werden – übrigens nur in recht wenigen Fällen. Doch die Spinnen sind ohnehin eigentümlich liebefern. Sie begatten sich mit einer wahrhaftig kuriosen Beiläufigkeit. Das Männchen setzt einen Tropfen seines Samens auf ein winziges Gespinst, das es vorher zu diesem Zweck hergestellt hat, ab, ergreift dies Gespinst mit seinem Kiefertaster, der den Samentropfen aufnimmt und ihn nun in die Geschlechtsöffnung des Weibchens hineinpraktiziert.

Die Tintenfische kennen eine noch weniger beteiligte Form der Begattung mit Hilfe umgewandelter Extremitäten. Bei ihnen wird der Samen, wie auch noch bei vielen anderen Tieren, nicht flüssig, sondern in fester Umhüllung abgesetzt. Diese schlauchförmige Samenkapsel nimmt einer der langen, saugnapfbewehrten Arme des Tieres, das kein Fisch ist, sondern in die Verwandtschaft der Schnekken und Muscheln gehört, auf und steckt sie in die Mantelhöhle des Weibchens. Eine bestimmte Art, das Papierboot, hat es so weit gebracht, daß dieser Arm abreißt, selbständig durchs Meer schwimmt und wie ein Wurm den Weg in die Mantelhöhle des Weibchens findet, um dort seine Pflicht zu tun und dann zugrunde zu gehen.

Ganz ohne Frage setzte ursprünglich die vollzogene Begattung im Organismenreich dem Individualleben ein Ende. Es hatte seinen Sinn erfüllt, hatte das Übergeordnete, die Art, erhalten geholfen und war damit überflüssig geworden. Mit fortschreitender Entwicklung wird aber die Rolle, die das Individuum im Sein der Art spielt, eine immer größere, gleichsam als ob sich die Art darauf besönne, daß sie ja nur in ihren Individuen existiert und deren Leben das ihre ist.

So kam es insbesondere bei den Wirbeltieren dazu, daß die Begattung nur episodenhaften Charakter annahm und nicht mehr letzte, einzige Sinnerfüllung blieb. Mit der Tendenz zur Bewußtwerdung wuchs das Hirn. Dennoch blieb das Geschlechtliche stärkster Erlebnispol. Bis sich im Säugetier, im Menschen am gültigsten, zwei Pole gegenüberstanden, aus deren schöpferischer Überhöhung alles Große und Herrliche wuchs, was als Kultur die Erde krönt. Diese Pole rückten immer weiter fort voneinander, um die schöpferische Spannung zu erhöhen.

Beim Menschen ist der Mann mit seinem Erkenntnispol, dem Hirn, am weitesten vorgedrungen ins Reich der Bewußtwerdung. Der Erlebnispol rückt, auch körperlich, immer weiter fort vom Hirn. Diese Erscheinung nennt man in der Anatomie Deszensus der Keimdrüsen. Die Keimdrüsen, die Hoden, liegen ursprünglich ziemlich weit oben in der Leibeshöhle. Sie beschreiben nun einen weiten Weg während der Entwicklung, rücken immer weiter fort vom Hirn, in den tiefsten Unterleib hinein, ja sie treten aus ihm heraus und schaffen sich eine eigene Unterkunft im Scrotum, nur um vom Hirn so weit wie nur denkbar entfernt zu sein. Auch das Weib hat seinen Keimdrüsendeszensus, doch wird er wegen des nicht in derart hohem Maße aktiven Hirns nur halb so weit vorgetrieben wie der des Mannes. Vom biologisch-nützlichen Gesichtspunkt her ist der männliche Keimdrüsendeszensus geradezu unsinnig, er setzt die wichtigen und kostbaren Keimzellen einer Gefährdung aus, vor der sie tief in der Leibeshöhle verborgen sicher wären. Erst durch die Forschungen des Weimarer Nervenarztes Armin Müller hat dieses Rätsel seine Deutung erfahren im Bestreben des Organismus, bei höherer Entwicklung gegensätzliche Pole weiter und weiter voneinander abrücken zu lassen, da dann ihre Überhöhung ein Erobern neuer, niegekannter Größe sein wird.

Ahnst du von hier aus den Sinn des Leiblichen? Die Symbolhaftigkeit in allem Stofflichen drängt sich überall auf. Nicht anders läßt sich das Geheimnis des in Staub gekleideten Seins zu Worten formen, als Deutschlands Genius Goethe es in den letzten Versen seines Vermächtnisses an die Menschheit tat: »Alles Vergängliche ist nur ein Gleichnis.«

Gleichnis zu sein für ein Ewiges, das ist der Sinn des Leibes.

Und nun sieh die Liebe zu unseren Füßen. Wir wandern über ein Gelände, dessen Boden reichlich Kalk enthält. Deshalb finden sich in den Hainen, die sich wie Oasen zwischen die Gruppen heller Vorstadtvillen schieben, große Schnecken mit dicker, zart fleischfarbener Schale. Die bekannte Weinbergschnecke ist es. Sie gehört zu den Zwittern, ist Hermaphrodit. Hier siehst du zwei Tiere, die, mit auf dem Boden liegender, schwerer Schale, sich gegenseitig an ihren Leibessohlen emporranken. Ihre Köpfe, hoch erhoben, stehen einander gegenüber. Rechts hinter dem Fühler eines jeden Tieres, auf dessen runder Endverdickung das zurückziehbare Auge liegt, befindet sich die Ausmündungsstelle der Geschlechtsorgane. Sieh genau hin, wie die Schnecken mühsam ihre Köpfe drehen und wenden, bis beide Mündungen aufeinandergepreßt sind. Wenn du ein Weilchen verweilst, wirst du sehen, wie jedes Tier eine helle Blase aus der Öffnung heraustreten läßt. Eins der Tiere, zuweilen auch beide zugleich, läßt nun aus dem Innern dieser Blase einen Kalkpfeil hervorgleiten, der sich in den oberen Körperabschnitt des Partners tief einbohrt. Dabei gibt es gelegentlich Verletzungen ernsthafter und tödlicher Natur. Durch die Einbohrung des Liebespfeils und die damit verbundenen Erregungen haben die Schnecken ihre Geschlechtsmündungen wieder gegenseitig verschoben, und mit vieler Mühe geschehen neue, windende Suchbewegungen. Ist schließlich die passende Stellung abermals erreicht, stülpen sich die länglichen, männlichen Begattungsorgane hervor und dringen aneinander vorüber in die weibliche Öffnung des Partners ein, um dort ihre Samenkapsel zu deponieren und wieder zurückzugleiten, womit das Liebesspiel der Schnecken, das sehr langwierig verläuft, beendet ist.

Daß Zwitter einander wechselseitig begatten, ist nicht so seltsam, wie es zunächst scheinen mag. Vom Ursprung her war die Prägung der Geschlechter im Organismenreich keine unbedingt entschiedene und verbindliche, ja es gibt bei Brandpilzen und anderen sehr tief auf der Stufenleiter des Lebens stehenden Organismen Individuen, die sich dem einen Partner gegenüber männlich und begattend, dem anderen gegenüber weiblich und empfangend verhalten. Man nennt das relative Sexualität. In der Biologie der Fortpflanzung sind Übergänge mannigfachster Art denkbar, von der Jungfernzeugung, wie sie unter anderem bei Bienen, Blattläusen und kleinen, rötlichen Asseln der Erlenwälder bekannt ist und bei der es zur Fortpflanzung keines männlichen Samens bedarf, bis zur endgültigen Geschlechtsfestlegung und zur Begattungsnotwendigkeit im höheren Tierreich. Aber selbst bei den Säugetieren kommt in einem Falle ein Vorgang, der eine gewisse Beziehung zur ungeschlechtlichen Vermehrung aufweist, als Kuriosum vor: Gürteltiere lassen ihre befruchtete Keimanlage während der Embryonalentwicklung zerfallen und stellen auf diese Weise eine Vielzahl von Jungen, oft ein Dutzend, her.

Der Liebespfeil der Schnecken, der vereinzelt zum Mordwerkzeug werden kann, zeigt dir wiederum die dichte Nachbarschaft von Lust und Schmerz, Hochzeit und Tod, mit deren Erahnen unser Gespräch begann. Bis heute sind sich die Zoologen nicht einig, ob das berüchtigte Katzengeschrei, das auch zu uns herüberdringt während dieses stillen Ganges durch das Dunkel, Lust- oder Schmerzgeschrei darstellt. Das sehr kurze Begattungsorgan des Katers ist mit vielen Widerhaken versehen, so daß der Gedanke nicht fern liegt, die Katze könne vor Schmerz so laut und anhaltend schreien. Wahrscheinlich liegt auch hier, wie fast immer, die Wahrheit in der Synthese: Lust und Schmerz werden für die Katze untrennbar verschwistert sein. Nicht nur Abirrungen des menschlichen Sexuallebens, sondern auch gewisse Sitten primitiver Völker geben Anlaß zu dieser Vermutung: Bei Südseeinsulanern ist es üblich, männlicherseits künstliche Reizmittel in Form von Hakenkränzen und Kugelstäben zu verwenden, die genau die gleiche Rolle zu spielen haben wie die Widerhaken am Begattungsorgan des Katers.

Ich sagte dir vorhin, daß die höhere Tierwelt ein individuelles Leben auch über den Begattungsakt hinaus noch wahrt. Die Begattung steht im Dienste einer unendlichen Fortsetzung des Lebens der Art. Sterblich sind nur die Körperzellen eines Tieres, unsterblich aber bleiben, zumindest der Möglichkeit nach, die Keimzellen. Sie vereinigen sich, männliche und weibliche, bilden einen neuen Leib für ein neues Individuum der Art, bleiben jedoch auch in diesem Leibe zum Teil als Keimzellen erhalten, um, über die entstehenden und vergehenden Körper hinweg, als endloser Strom des Lebens weiter und weiter zu fließen.

Mit unseren Keimzellen tragen wir die Unsterblichkeit der Art, zu der wir gehören, durch das Leben. Im Begattungsakt führen wir die Keimzellen ihrem Sinn, der Fortzeugung unserer Art, zu. Deshalb ist der Begattungsakt so unendlich wichtig für das Leben selber, deshalb hat dieses Leben in jedes seiner Geschöpfe einen fast unversieglichen Geschlechtstrieb hineingelegt. In gewissem Sinne, ich wiederhole es, sind unsere Keimzellen unsere Unsterblichkeit.

Auf niedere Tiere trifft das bedingungslos zu. Je höher sich das Organismenreich erhebt in seinem auf Bewußtwerdung hinzielenden Entwicklungsprozeß, eine um so größere Rolle spielt das Individuum. Schließlich erwacht in diesem, ganz hoch oben auf der Stufenleiter der Entwicklung, das Selbstbewußtsein. Von nun an erkennt Natur sich im Geschöpf, von nun an ist dieses Geschöpf mehr als nur ein Keimzellenträger – es beginnt um seiner selbst willen sinnvoll da zu sein. Zwar gilt noch immer der Satz, daß es in seinen Keimzellen seine Unsterblichkeit besitzt, aber er gilt nicht mehr ausschließlich. Denk an Goethe. Dessen Unsterblichkeit ist doch gewiß nicht sein unbedeutender Sohn August! Goethe fordert doch von jener Macht, die ihn schuf, ein anderes Unsterblichsein als bloß jenes der Art. Nun könntest du sagen, er sei auch noch unsterblich in Herz und Hirn der Menschen, denen sein Genius höchste Lebenswerte schenkte. Gewiß. Aber wenn eine neue Sintflut uns alle hinwegschwemmte ins große Dunkel, wie stünde es dann mit der Unsterblichkeit Goethes? Wie auch mit unserer eigenen Unsterblichkeit?

Es ist die ewige Menschheitsfrage, zu der wir gelangt sind. Ein großes und ergebnisreiches Forschungsgebiet unserer Zeit, die Parapsychologie, ist bemüht, diese Frage mit den Mitteln der Wissenschaft zu lösen. Die Ergebnisse, die für ein Fortleben des Individualkerns über den Tod des Körpers hinaus zeugen, sind nicht mehr fortzudiskutieren. Kein Wunder, daß gerade Biologen zu den Vorkämpfern der parapsychologischen Forschung gehören. Ich will dir nur die deutschen Professoren Deegener, Driesch, Gruber, Karl Camillo Schneider, Christoph Schröder und Zimmer nennen, die sämtlich Fachzoologen sind.

Doch wozu Autoritäten? Wir wollten ja schauen, betrachten, erleben. Denkst du noch daran, wie du als Kind einmal hinfielst und dir die Knie blutig schlugst? Du erinnerst dich, weißt noch von deinen Tränen, von dem Verband, den deine Mutter um die Wunden legte, von allem, was geschah. Womit erinnerst du dich? Ein Materialist wird dir antworten: Mit dem Hirn. Also mit Stoff. Charakteristisch für das Lebendige ist aber ein ununterbrochener Stoffwechsel. Gerade der Stoffwechsel ist ja dasjenige, was uns instand setzt, Lebendes und Totes zu unterscheiden. Dir ist bekannt, daß in rund sieben Jahren der gesamte Körper des Menschen aus völlig neuem Stoff besteht, vom Knochen bis zur Schleimhaut. Die Zellen wechseln und werden ersetzt, alte Materie muß neuer weichen, ein stofflich absolut anderer Mensch entsteht. Auch vor unseren Gehirnzellen macht der Stoffwechsel nicht halt. Die Zellen, mit denen du damals das Erlebnis der Verletzung aufnahmst, sind stofflich vollkommen andere als die, die sich jetzt daran erinnern! Wer also erinnert sich? Der Stoff? Er ist ja gar nicht vorhanden!

Der Körper ist dein Instrument. Wenn er zerfällt, ist der, der sich dieses Instruments bediente, noch immer da. Daß Hirnverletzungen scheinbar seelische Äußerungen zum Verschwinden bringen, ist nicht verwunderlich. Wird etwa der Genius Paganini auch nur davon berührt, daß man ihm seine Meistergeige zertrümmert?

Und weiter: Schwerkriegsverletzte, denen beträchtliche Gehirnpartien chirurgisch entfernt werden mußten – Prof. Carl Ludwig Schleich berichtet aus Erfahrung davon – setzen sich oft unmittelbar vor dem Tode hin und schreiben an ihre Angehörigen Abschiedsbriefe von erstaunlicher Klarheit. Ihr Hirn ist so zerstört, daß ein solches Ereignis rätselhaft wäre, wenn nicht das zuträfe, was der Zoologe Prof. Deegener dazu sagt: Das Instrument ist zerbrochen, aber da die Melodie vorzeitig abreißen muß, singt zum Schluß noch ein einziges Mal, abschiednehmend, der Künstler mit e i g e n e r Stimme.

Das ist alles, was ich dir als Biologe zur Frage nach dem ewigen Leben sagen kann. Ich finde, es ist sehr viel. Die Entelechie ist nicht von dieser Welt des Stoffes, und da die Entelechie des Menschen als Persönlichkeit geprägt ist, wird sie als persönliche Prägung unvergänglich sein.

Warum gibt es im Tierreich keine Persönlichkeiten? Weil zur Persönlichkeit Begrenzung gehört. Weil der Mensch allem anderen Leben ein hohes Recht voraus hat: Nein sagen zu können. Für den Menschen gelten sämtliche Gesetze, die auch für Tier und Pflanze gelten, aber sie gelten für ihn nur dann, wenn er sie annimmt. Er kann ja sogar sein Leben verneinen und fortwerfen. Wann tut er das? Wenn er glaubt, es hätte keinen Sinn mehr. Gäbe es keinen anderen Beweis für die Sinnhaftigkeit des Seins, dieser eine genügte bereits. Das Sinnbedürfnis des Menschen ist so unendlich groß, daß er sein Leben verneint, sobald er dessen Sinn bedroht sieht. Könnte sich ein derart ungeheuerliches Bedürfnis an etwas knüpfen, das gar nicht vorhanden ist? Ist es aber vorhanden, dann auch in jenen Stunden, in denen wir es nicht deutlich sehen. Der Sinn ist immer da.

Der Mensch ist oft dann am größten, wenn er nein sagt. Alles Heldische ist ein Nein zum Bequemen, Behaglichen. Alles Edle ist ein Nein zum nackten Trieb. Das gilt auch für die Offenbarung reinsten, innersten Sinngehalts, wie du vorhin die Liebe nanntest. Höre, was der Dichter Emil Gött dazu sagt:

»Es gibt zwischen Mann und Frau eine Berührung, die alle Formen der schönsten Bewegung, in denen Liebende den Sturm ihrer Gefühle auszudrücken wissen, und alle deren Wonnen in sich schließt: es ist die Nichtberührung. Reglos halten sie voreinander, die Augen glänzen wohl, aber sie fordern nichts und geben nicht zuviel, das Gespräch ist belebt und geht gern über hohe und ferne, tiefe und starke Dinge – und nichts verrät das Brausen der Seele und den entzückten Tanz um sich. Wie schal ist dementgegen jedes Kosen!«

Dies zu wissen und Wirklichkeit werden zu lassen, ist alleiniges Vorrecht des Menschen. Und nun begreifst du auch, daß hinter seinem Nein immer ein Ja steht, ein Ja, das Höherem gilt. Ich sehe dich an, und ich weiß, du begreifst es.

Ganz dunkel ist es rings. Solange im Dunkel ein Du wohnt, soll uns das nicht schrecken. Ein dünnes Glöckchen sendet von fernher zwölf Mitternachtsschläge über das duftende Roggenfeld, vor dem wir stehen. Plötzlich schreit über uns, in der Linde am Weg, ein Käuzchen.

Du suchst meine Augen und fragst: »Bedeutet das nicht Unheil?«

Wenig nur kann ich dir aus felsenfestem Wissen heraus sagen, denn der Mensch weiß fast nichts. Aber dieses eine nimm hin als Gewißheit: Der Ruf des Käuzchens bedeutet weder Unheil noch Tod, er bedeutet, um deine eigenen Worte zu wählen, Liebe, die Offenbarung reinsten, innersten Sinngehalts.

Zoologie im Zimmer

DER Niagarafall donnert mit Wassermassen von unvorstellbarer Wucht in den Ontariosee und schleift sich jährlich um einen Meter tiefer ins Felsgestein. In Australien lebt eine Schlange, deren Biß in Sekunden tödlich wirkt. Am Ufer des Amazonas lauert der Jaguar auf das Wasserschwein. Erdbeben drohen den Japanern, Vulkanausbrüche den Bewohnern märchenhafter Südseeinseln. Furchtbar ist die Umarmung der Kälte des tibetanischen Hochlands für jedes lebendige Wesen, grauenhaft die Glut über den Salzwüsten der Neuen Welt. Der ganze Erdball zittert in Gefährdung, nirgends gibt es Rast, Ruhe, Geborgensein.

Von alledem ist in meinem Zimmer nichts wirklich. Die Wetterwolken des Herbstes wandern am Fensterglas dahin, in der Blumenkrippe stehen Drachenbaum, Kaktus und Oleander, über mir tickt die alte Uhr den Takt, nach dem im All Planeten kreisen. Hier ist das kindhafte Daheimsein noch volle Wirklichkeit, hier zwischen Büchern, Bildern und Manuskripten.

Der chinesische Weise Lao-Tse hält es nicht für nötig, das Zimmer zu verlassen, um zum Herzen der Dinge zu dringen. Er meint das als Meister der Innenschau, aber es trifft sogar auf den Zoologen zu. Noch lange nicht sind die Rätsel gelöst, die uns das Tierleben mitten im Zimmer stellt – noch viele wissenschaftliche Arbeiten können geschrieben werden über das Kleingetier, das unsere Wohnung teilt. Ganz dicht neben uns ist das Lebendige nicht minder gewaltig als im Tonfilm, der von den entfesselten Gewalten tropischen Blutrauschs berichtet. Die meisten dieser Filme sind dramatisch aufgeputzt, man hat um der Sensation willen Tiere aufeinandergehetzt, die sich sonst aus dem Wege gehen, man demonstriert den berühmten Kampf ums Dasein wieder einmal als Moritat. Aber ohne Eintrittskarte spielt sich Größeres unmittelbar vor unseren Augen ab, wenn wir daheim sitzen und offene Augen haben. Größeres, weil es wahrhaftig ist und erlebnisnäher als Leinwand und Lautsprecher.

Ich lese, ich schreibe. Bei beiden Beschäftigungen, die den Hauptteil meines Tagewerks darstellen, komme ich mit Lebendigem von einer Abenteuerlichkeit ohnegleichen in Berührung. In alten Büchern leben Staubläuse, dürres und bleiches Zwergenvolk, zu dessen Spezialerforschern übrigens der Dichter Hermann Löns gehörte. Die Staubläuse haben einen Todfeind, den Bücherskorpion. Er wandert braun und flachgedrückt zwischen den Seiten alter Bibliotheksbände hin und her, immer bereit, seine Beute, wenn er sie trifft, mit den beiden Skorpionzangen zu fassen und dann die mageren Läuseleiber seinem ebenfalls papierdünnen Organismus einzufügen.

Für den Bücherskorpion schlägt wie für jedes Wesen gelegentlich die Stunde der Liebe. Im Zimmer, am Tisch, vor einem aufgeschlagenen Buch, kann ich Zeuge einer Bücherskorpion-Hochzeit sein. Es ist eine groteske Hochzeit, wenngleich der Bücherskorpion sie nicht minder ernst nimmt wie wir die unsere.

Mein altes lateinisches Übungsbuch aus ferner Schulzeit habe ich offen vor mir auf dem Schreibtisch liegen. Über eine Seite, die allerlei Zeichnungen meines damaligen Gelangweiltseins und das beziehungsreiche Sprichwort: »De gustibus non est disputandum« enthält, wandert ein Pärchen Bücherskorpione. Das Männchen bemüht sich, dem Weibchen nahe zu kommen. Plötzlich ist das gelungen, und seine Schere packt die ihre, als ob zwei Menschen einander die Hand reichten. Nach wenigen tanzenden Bewegungen zerrt das männliche Tier seine Partnerin im Zickzack hin und her, tupft dann mit dem Hinterleib auf das Papier und hinterläßt dort einen winzigen Pilz, ein Kölbchen auf einem gallertigen Stiel. Das ist die Form, in der der Bücherskorpion seinen Samen absetzt. Nun bewegt sich das Männchen im Krebsgang fort und zwingt das an der Schere festgehaltene Weibchen, über das Samenpilzgebilde hinwegzuwandern, welches dank seiner Elastizität in die Geschlechtsöffnung des weiblichen Tieres hineinschnellt, sobald diese darüberhingleitet. Jene umständliche und nur aus einer Naturlaune heraus verständliche Methode der Samenunterbringung im weiblichen Körper geschieht auf einer Seite meines alten lateinischen Schulbuchs...

Wenn ich zur Feder greife, um das kleine Erlebnis mit den Bücherskorpionen aufzuzeichnen, muß ich die Feder zuvor in Tinte tauchen. Vielleicht noch echte Eisen-Gallus-Tinte. Aus Galläpfeln wird Tinte hergestellt, lernte ich in der Schule zur gleichen Zeit, als ich den Rand meines lateinischen Übungsbuchs vermalte. Galläpfel sind bitter wie Galle, daher der Name. Ihrer Bitterkeit wegen werden sie vom Vieh, das am Laub der Bäume herumweidet, ängstlich gemieden. Diese Galläpfel entstehen durch den Stich der Gallwespe in ein Blatt, in das sie ihr Ei ablegt. Auf Grund des Einstichs baut die gestochene Pflanze aus ihrem Gewebe ein dem Ei außerordentlich nützliches Haus, den Gallapfel. Nicht nur bitter ist er, denn das allein würde vom Vieh ja erst gemerkt werden, sobald es ihn im Maule hat, und dann ist es schon zu spät für das Ei beziehungsweise die Larve der Gallwespe – nein, die angestochene Pflanze färbt den Gallapfel auch noch leuchtend rot, damit das Vieh ihn von vornherein vermeide! Innen im Gallapfel schafft die Pflanze für das nagende Lärvchen ein sehr zartes Nährgewebe, während sie das Gesamtgebilde mit Hartkörpern stützt und durch Anlage von Wasserbahnen frisch erhält. Dabei ist es doch sonnenklar, daß der Pflanze, in unserem Falle der Eiche, an ihrem Parasiten gar nichts liegen kann, daß sie doch gerade mit allen Mitteln versuchen müßte, ihn loszuwerden, statt ihn gar noch so sorgsam und großzügig zu unterstützen. Wie soll ein solches Verhalten erklärt werden?

Es bleibt nichts übrig, als – wie es der Zoologe Becher tut – eine »fremddienliche Zweckmäßigkeit« anzunehmen. Das ist gewiß nur ein Wort, deutet aber auf die Tätigkeit einer überindividuellen, in diesem Falle sogar über die Art, ja über zwei völlig verschiedene Lebensbereiche hinausgreifenden Macht hin, der daran liegt, die Brut der Gallwespe auf diese Weise zu hüten und ihr die Entwicklung zum Vollinsekt gefahrlos zu gewährleisten. Prof. Konrad Guenther, Inhaber des Freiburger Lehrstuhls für Zoologie und Begründer der »Deutschen Heimatlehre«, sagt in diesem Sinne: »Die Gallen sind ein schlagendes Beispiel dafür, daß der Muttertrieb aus der Schöpfung kommt!« Eine »Vernunft des Absoluten in Tier und Pflanze«, wie es der Tierpsychologe Prof. Christoph Schröder nennt, ist in ihrem lebendigen Wirken gar nicht zu leugnen, wenn wir uns mit dem Verhalten niederer Tiere beschäftigen.

Dafür habe ich ein weiteres Beobachtungsmaterial ebenfalls in der Wohnung, einen besonders interessanten Fall, zu dessen Studium ich nicht in weite Fernen zu reisen, sondern nur hinüber zur Küche zu gehen brauche. Auf dem Küchenrahmen stehen Porzellangefäße mit Nahrungsmitteln. Eins davon enthält Erbsen. Ich trage es zum Schreibtisch und schütte dort vor der Lampe die harten, gelben, kugelrunden Früchte aus. Wenn ich ein Weilchen in dem Haufen herumsuche, finde ich hier und da eine Erbse, auf deren Oberfläche ein hellerer, matt durchsichtiger Kreis zu bemerken ist. Diese Erbsen bergen in sich Puppen oder Vollinsekten des Erbsenkäfers. Ich kann mich leicht davon überzeugen, indem ich mit meinem Taschenmesser den hellen Kreis, der ein Fenster darstellt, fortschneide.

Wenn im Garten die Erbsen blühen, legt das Weibchen des Erbsenkäfers seine Eier an die sich frisch entwickelnden Schoten. Bald sind Lärvchen da, die sich durch die Hülse nagen und ihren Weg zu den süßen, grünen, weichen Samen finden. Sie dringen ins Innere dieser Samen ein, wobei sie ein Bohrloch hinterlassen, das sich nachträglich wieder verschließt. Die Erbsenkäferlarve lebt nun in ihrer – nochmals sei es betont – weichen, grünen Erbse, bis ihr dort die Stunde der Verpuppung schlägt. Was läge näher, als daß sie sich in der Tat verpuppte! Sie tut das aber noch nicht, weil damit nämlich ihrem Entwicklungsziel, dem Käfer, jede Lebensmöglichkeit genommen wäre. Die weiche grüne Erbse bleibt ja nicht immer weich und grün. Sie wird gelb und steinhart. Wenn mitten in einer solchen gelben, harten Frucht der Käfer ausschlüpfte, wäre sein Schicksal besiegelt: er könnte sich mit seinen Mundwerkzeugen keinen Weg ins Freie bahnen und müßte mitten in seinem harten Gefängnis umkommen. Deshalb bohrt die Larve vor ihrer Verpuppung einen Gang im grünen Erbsenfleisch, der fast zur Oberfläche der Frucht führt und dort jenes winzige Fenster stehen läßt, an dessen Schimmer ich die vom Erbsenkäfer befallenen Erbsen erkenne. Wenn jetzt, nach Hartwerden der Frucht, der Käfer ausschlüpft, braucht er nur den Gang entlang zu gehen und das Fensterchen zu durchstoßen, um die Welt offen zu finden.

Wie kann die Larve wissen, daß ihre Umwelt, die grüne, weiche Erbse, bald steinhart wird? Wie kann sie wissen, daß ihr Zellmaterial bald einen völligen Einschmelzungsprozeß durchmachen wird, daß aus dem gestaltlosen Brei, den sie dann darstellt, ein Käfer seinen Körper formt, daß dieses Käfers Mundwerkzeuge zu schwach sind, um den Weg nach außen zu erbohren, ja daß es diesen Käfer überhaupt nach außen treibt? Womit nimmt sie den Weg wahr, dem sie zu folgen hat, wenn sie ihren Gang anlegt? Nichts in ihrer Umwelt ist vorhanden, das ihr den Weg und seinen Sinn begreiflich, erspürbar machen könnte! Prof. Jakob von Üxküll, der Hamburger Zoologe und Umweltforscher, spricht hier ganz eindeutig von »magischen« Umweltfaktoren, und er sagt mit Bezug auf die Erbsenkäferlarve: »Klar vorgezeichnet liegt der Weg vor ihr als eine magische Bildung.« Demnach wäre erst – in der Vernunft des Absoluten, die über Tier und Pflanze waltet – der Weg da, sodann hat das Geschöpf ihn zu gehen. Anders ist es überhaupt nicht zu fassen. Und, seltsam, die Erlösungslehren aller Völker verkünden das gleiche: Nicht du findest den Weg, der Weg findet dich. In diesem Geheimnis gleichen einander der Erbsenkäfer und der faustische Mensch. Hätte an ihnen beiden nicht von oben her die Liebe teilgenommen, sie wären nie über das Larvenstadium hinausgelangt. Aber so wenig dem Menschen das strebende Bemühen erspart bleibt, um zur Erlösung zu gelangen, so wenig wird der Erbsenkäferlarve das Verwirklichen des ihr magisch vorgezeichneten Weges abgenommen. Gehen muß sie ihn, soll ihr Entwicklungsziel einst seine Flügel ausbreiten und den unendlichen Äther erobern.

So freudig ich als Zoologe alles Tiervolk, das meine Wohnung ungeladen teilt, begrüßen mag, gerade den Käfern gegenüber ist der mitteleuropäische Mensch in mir zu Protest geneigt, wenn sie sich des öfteren zeigen. Sie sind furchtbare Verwüster aller Werte, üble Anarchisten, die selbst vor dem Heiligsten nicht haltmachen, das ich besitze, vor den Zeugnissen schaffenden, forschenden Menschengeistes, die als Bücher mein täglich Brot bedeuten. Mit antiquarisch erworbenen Werken wird immer wieder ein unerwünschter Zerstörer eingeschleppt und ist nur schwer zu entfernen. Die Universalisten des Schadenstiftens sind entschieden die Speckkäfer, deren erste Bekanntschaft ich machte, als ich in einem naturhistorischen Museum mit der Präparation von Säugetieren beschäftigt war.

Wenn man die sachgemäße Präparation von Säugetierschädeln erlernen will, beginnt man am zweckmäßigsten mit einem Menschenschädel. Der Mensch ist ein Dickschädel, auch im wortwörtlichen Sinne. Das ist ein Glück. Wer ein leistungsfähiges Gehirn hat, braucht sich seines dicken Schädels nicht zu schämen. Der Zoologe, der sich im Handwerk des Präparierens übt, kann Menschenschädel kaum zerstören, während andere Säuger über oft außerordentlich hinfällige Schädel mit leicht auseinanderfallenden Kieferhälften und zerbrechlichen Knochenfortsätzen verfügen. Ich bekam also als erstes Objekt einen Hereroschädel zur Verfügung gestellt. Er war dem Museum vor Jahrzehnten geschenkt worden, in nicht präpariertem Zustande. Das mumifizierte Fleisch, das damals mit Arsenseife eingerieben worden war, hatte sich eng zusammengeschrumpft an die Knochen gelegt, die Haare waren auf dem Oberschädel festgeklebt, das ganze Gebilde glich einem Bastard aus Totenkopf und Kohlrübe. Um daraus einen leuchtend weißen Menschenschädel herzustellen, mußte der Kopf einige Stunden gekocht werden. Dann war das Fleisch wieder weich und konnte abpräpariert werden.

Als ich glaubte, das Kochen habe nun lange genug gedauert – es war ein trüber Spätnachmittag im November, und ich hatte als einziger in den riesigen Räumen des Museums zu tun – hob ich den Kopf mit einer großen Holzpinzette aus dem heißen Wasser. Da sah mich, mitten im Dampf, das entstellte Gesicht eines Menschen an. Alle Fleischteile waren aufgequollen und bildeten nun eine Maske von unvermuteter Schreckhaftigkeit. Man soll als Naturwissenschaftler sachlich sein, jedoch an diesem Tage machte ich vorschnell Feierabend, indem ich den Kopf auf den Präpariertisch legte und nach Hause ging, in den Klang der Samstagglocken hinein, die rings auf den Türmen erdröhnten.

Am Montag lag der Kopf an seinem Platz, bewohnt und umpilgert von ungezählten Speckkäfern und ihren Larven. Trotz energischster Bekämpfung sind diese Insekten aus großen Museen nicht radikal fernzuhalten. Ihre Larven, die aussehen wie winzige schwarze Zylinderputzbürsten, begegnen dem Zoologen so oft und stets am unpassenden Ort, daß er ihnen gegenüber leicht seine Liebe zum lebendigen Getier vergißt.

Seit sich der Speckkäfer und seine Nachkommenschaft bei mir in so seltsamem Zusammenhange vorstellten, habe ich ihm und seinen Nachbarn, den gesamten Wohnungsschädlingen, ein reges Interesse entgegengebracht. Dieses Interesse stand zwar durchaus im Dienste der Schädlingsbekämpfung, doch ist darüber meine Teilnahme an den Lebenserscheinungen des Ungeziefers keineswegs erloschen. Unter den Allesfressern, die unsere Wohnung teilen, nimmt der Speckkäfer entschieden einen besonderen Rang ein. Neben Speck, Wurst, Fleisch, Leder, Fellen und Pelzen werden von ihm und seinen Larven auch noch Teppiche, Gardinen und Stoffe gern und gründlich zuschanden gefressen. Das alles sind Verbrechen, für die in erster Linie Hausfrauen die Todesstrafe über ihn verhängt wissen möchten. Ich selbst wäre in diesem Punkt etwas duldsamer und würde mich darauf beschränken, ihn privatim zu verfolgen, aber nicht öffentlich anzuklagen, wenn nicht auf sein Konto viel Schrecklicheres zu buchen wäre: er hat, gleich mir, eine Leidenschaft für alte Bücher. Er schätzt, gleich mir, gut angelegte, wertvolle Insektensammlungen. Hochachtung vor dem Geistigen sollte man, nach mancherlei Enttäuschung, zumindest vom Speckkäfer verlangen können. Da er diese billige Forderung nicht erfüllen will, möge der Schwefelregen von Sodom und Gomorrha über ihn und seine Sippe kommen!

Auch daß seine Larven in Taubennestern leben und dort die wehrlosen Jungvögel bei lebendigem Leibe anfressen, ist nicht dazu angetan, ihm Pardon zu gewähren. Das gleiche wird auch von den Larven des Mehlkäfers berichtet, den bekannten »Mehlwürmern« der Vogelhändler. Die Mehlwürmer büßen aber ihre Verbrechen reichlich, indem sie meinen Aquarien-, Terrarien- und gefiederten Käfigtieren als immer zur Verfügung stehendes Futter dienen. Der Käfer selbst, dunkelbraun bis schwarz, ist ein verhältnismäßig harmloser Kumpan, gemessen an dem gelbglänzenden Messingkäfer, den ich mit gesträubten Haaren hinter meinen Bildern wahrnehme, wenn das Schicksal mir nicht wohl will. Dieser erst seit einigen Jahrzehnten nach Mitteleuropa eingeschleppte Asiat gleicht seinen Landsleuten, den Hunnen, nicht nur in der wütenden Zerstörungslust, sondern auch in der breit hinrollenden Massenhaftigkeit des Anmarschs. Wer ein Haus bewohnt, das von Tausenden solcher Messingkäfer heimgesucht worden ist, tut gut, es anzuzünden und gleich einem buddhistischen Pilger reuelos auf die Wanderschaft zu gehen.

Außer Glas und Metall frißt der Messingkäfer alles. Sollten eines Tages unsere Häuser und Gebrauchsgegenstände nur noch aus Glas und Metall bestehen, wird er vermutlich von diesem Termin an auch Glas und Metall zerstören. Gegen Gifte weist er eine ungeheuerliche Widerstandskraft auf. Das Verzehren ganzer Kisten voll Zigarren verursacht ihm nicht die geringste Übelkeit. Und Blausäure muß in beträchtlichen Mengen auf ihn losgelassen werden, bevor er bereit ist, seine sechs Käferbeine von sich zu strecken und hinüberzuwandern in die ewigen Jagdgründe seines Stammes. Wahrscheinlich wird er in der Hölle denen, die aus Raffgier und mit verhärtetem Herzen Erdengüter stapelten und ihre Brüder in Not und Nacht verderben ließen, auf lehrreiche Weise Gesellschaft leisten.

Raffgier und Geiz sind im Tierreich unbekannt, sie sind Vorrecht des Menschen. Er allein hat den gesunden Spartrieb, der vielen Tierarten eine Stufe zu höherer Entwicklung bedeutet, derartig zu verzerren gemocht. Die sparenden Tiere benützen ihre Sparsamkeit nur immer als Mittel zum Zweck, niemals als Selbstzweck. Der Mensch entartete in dieser Hinsicht – und der Messingkäfer kam, um ihn zu strafen.

Sparer finden wir im Tierreich nur dort, wo die Entwicklung am höchsten gediehen ist, wo wir die am weitesten entfaltete Intelligenz – wenn wir nicht lieber sagen wollen, die am intensivsten tätige Vernunft des Absoluten im Tier – offenbar werden sehen: bei den staatenbildenden Insekten und an den beiden obersten Ästen des Wirbeltierstammes, bei den Vögeln und Säugetieren. Ist das Sparen eine Errungenschaft hoher Entwicklung oder wurde eine solche Entwicklungshöhe gar erst möglich durch sorgsames Sparen? Auf jeden Fall steht fest: Sparen und Fortschritt treten im Tierreich gekoppelt auf; nur stammesgeschichtlich weit fortgeschrittene Arten sind Sparer.

Wir wollen es nicht zum Sparen im engeren Sinne rechnen, wenn die Küchenschabe ihre Fettreserven in Form beträchtlicher Polster, die sogar ihren Bewegungen hinderlich sein können, mit sich herumschleppt – und auch das Kamel, dem sein Ränzlein voll »eiserner Ration« eine nicht unerhebliche Last bedeutet, dürfte kaum als Vorbild geeignet sein.

Wirkliche Sparer treten erst dort auf, wo das Ersparte nicht zur Belastung gereicht, sondern an sicherem Ort aufgespeichert wird, um in Notzeiten Verwendung zu finden. Bienen, Ameisen und Termiten sind die bekanntesten Beispiele dafür. Ohne ihr besonnenes Sparen hätten diese Tiere sicher niemals den Hochstand ihres Sozialwesens erreicht, der uns Menschen immer wieder zu bewundernder Anteilnahme bewegt. Die Honigbiene, neben der Seidenraupe das einzige »Haustier«

unter den Wirbellosen, versteht ihre Ersparnisse gut zu verteidigen, die Ameise und die Termite nicht minder. In groß angelegten sicheren Bauten liegt das kostbare Gut verborgen, bewacht von wehrhaften Verteidigern. Die Bienen sammeln Nektar und Staub der Blüten, der Spartrieb der Ernteameisen gilt Sämereien aller Art, und den Termiten sind daneben auch noch zerkleinerte Blätter willkommen. Die exotischen Honigtopfameisen haben eine besondere Sparweise erfunden, die vom menschlichen Betrachter her nicht der Komik entbehrt: Einzelne Arbeiter werden während der günstigen Jahreszeit derart mit Honig gemästet, daß sie zu unförmlichen, an jeder Fortbewegung behinderten Kugeln anschwellen. Diese reglos an der Wand des Nestes hängenden »Honigtöpfe« müssen nun in Notzeiten ihren Artgenossen den Honig zurückgeben, indem sie ihn auf bestimmte Klopf- und Tastsignale hin tropfenweise erbrechen.

Die staatenbildenden Insekten, als Sparer groß und mächtig geworden, sind die einzige ernstliche Konkurrenz, die dem Menschen aus der Tierreihe heraus erwächst. Es gibt Biologen, die fest daran glauben, daß unser Planet dereinst, wenn das Menschengeschlecht längst ausgestorben ist, ihnen gehören werde. Danach käme es, entwicklungsgeschichtlich gesehen, darauf an, wer von beiden, Mensch oder Insekt, sich letzten Endes als der klügere – Sparer erweist.

Unter den Vögeln sind erst wenige Arten weit genug vorgeschritten, um echte Sparsamkeit aufzuweisen. Würde das Beispiel des amerikanischen Sammelspechtes, der Eicheln in die Rinde geeigneter Waldbäume einkeilt, Schule machen, so könnte vielleicht manche Vogelart den beschwerlichen Zug nach dem Süden einstellen, der ja in erster Linie vom Hunger und erst in zweiter Linie vom Klima befohlen wird.

Die Säuger stehen höher als die Vögel, wir finden unter ihnen die Sparer wieder zahlreicher vertreten. Unser Maulwurf beißt Regenwürmern den Kopf ab, so daß sie nicht mehr bohren und entfliehen können, aber dennoch am Leben bleiben. Er speichert diese auf grausame Art erzeugten »Konserven« in seinem Bau auf. Die Nagetiere wiederum legen eine fast sprichwörtliche Sparsamkeit an den Tag. Mit Backentaschen, tiefen Kellern und geräumigen Vorratskammern gerüstet, sparen sie sorgsam für sich und ihre Nachkommen. Daß ihnen dadurch eine erhebliche Begünstigung im Daseinskampf zuteil wird, beweist ihre oft unheimliche Häufigkeit. Ohne die typische Nagetiersparsamkeit hätten diese vielverfolgten Geschöpfe kaum erreichen können, die am zahlreichsten vertretenen, die schlechthin unverwüstlichen Säugetiere zu sein.

Wo Zweige des Tierreichs zu hoher und höchster Entwicklung gelangten, stoßen wir auf Sparsamkeit. Niemals auf Raffgier. Das läßt die Natur nicht zu, weil ihre Sinnhaftigkeit über allem Getier waltet und es daran hindert, über das Maß dessen, was ihm frommt, hinauszugehen. Der Mensch begnügt sich nicht mit jenem nackten Sparen, dessen Biene, Maulwurf und Maus mächtig sind, indem er sein Geld in den Strumpf steckt oder vergräbt, vermauert oder kriegerisch bewacht, sondern er sorgt kraft seiner Intelligenz für ein wachsendes Kapital. Jedoch ist es nicht nur die Möglichkeit des Abhebens von Zinsen, welche die Krone der Schöpfung von jenen, die schwächer sind, unterscheidet. Biene, Maulwurf und Maus sparen; das kommt ihnen zugute. Aber sie müssen sparen, es gibt für sie kein Zurück. Der Mensch, der einerseits den Spartrieb zur Raffgier entarten lassen kann, ist andererseits stark genug, ihn ganz zu unterdrücken. Für ihn dehnt sich, unübersehbar, das unerschöpfliche Meer der Möglichkeiten zwischen einem hohen Bankkonto und der Unbekümmertheit der Lilie auf dem Felde. Wer wie Diogenes vor einem Fasse liegt und sein Leben einzig dem Vorgang widmet, daß der Weltgeist sich in ihm erkenne, dem ist auch der Messingkäfer nicht gefährlich.

Wir anderen hingegen müssen sehen, wie wir ihn und alle andern Wohnungsschädlinge in Schranken halten. Der Hochstand einer Kultur ist nicht nur, wie ein geflügeltes Wort es will, nach dem Verbrauch von Seife, sondern auch nach der Intensität des Vernichtungskampfes gegen Gesundheitsschädlinge in der Nachbarschaft des Menschen zu bemessen. Schon viele Jahrhunderte vor der Geburtsstunde einer bakteriologischen Wissenschaft konnte der Zusammenhang zwischen Ungeziefer und der Gefährdung des leiblichen Wohlergehens dem wachsamen Menschen unmöglich verborgen bleiben. So findet denn der Kulturhistoriker überall, wo die Menschheit ein gewisses zivilisatorisches Niveau erreichte, Zeugnisse des Kampfes gegen unerwünschte und gefährliche Mitbewohner des menschlichen Lebensraumes, seien es Gliederfüßler, seien es Nagetiere. Allerdings beschränkte sich die Frühzeit der

Bekämpfung von Wohnungsschädlingen ausschließlich auf mechanische Methoden, vom Flohfang bis zur ersten primitiven Ratten- und Mäusefalle. Die Affen, die ja auch anderweitig ihren Rang als Menschenahnen abtreten mußten, waren uns darin keineswegs Lehrmeister, denn ihr gegenseitiges »Läusesuchen«, das man in zoologischen Gärten jederzeit beobachten kann, wird fälschlich als solches gedeutet und gilt in Wahrheit nicht irgendwelchen Parasiten, sondern gelockerten Hautschuppen und vertrockneten Schweißklümpchen, die der jeweilige Partner mit Freuden verzehrt.

Man kam bald dahinter, daß eine durchgreifende Rattenbekämpfung mittels aufgestellter Fallen und gelegentlichen Erschlagens erwachsener Tiere nicht möglich ist, da die unheimliche Fruchtbarkeit der Nager solchen Vertilgungsmethoden durchaus erfolgreich entgegenwirkt. Um auch den Schlupfwinkeln und den Nachkommen der Ratten und Mäuse zu Leibe rücken zu können, wurden im alten Rom Sklaven eigens für diesen Zweck ausgebildet, denen zugleich der Kampf gegen Wohnungsschädlinge aus dem Insektenreich oblag. Diese Sklaven dürfen als die ersten Kammerjäger gelten, denn mit ihrer sachkundigen Arbeit begann jene Tradition, die im Rattenfänger von Hameln ihr mythisches Symbol fand und aus der letzten Endes alles erwuchs, was uns heute vor der gesundheitlichen Bedrohung durch tierische Schädlinge schützt.

Im magischen Dämmerlicht des Mittelalters wurde der Rattenfänger, mit rot wehendem Mantel und der Hahnenfeder am Hut, zum Beschwörer und zum Herrn über die Unterwelt, aus deren Spalten das ihm unterordnete Getier hervorwimmelte, ja er wurde zum Urbild des Mephisto, der auf den weltbedeutenden Brettern noch heute den bunten Ornat der mittelalterlichen Rattenfängerzunft trägt. Nur weil der Kammerjäger des 13. Jahrhunderts sein Fach mit Überlegenheit beherrschte und ein scharfsinniger Kenner des Tierlebens war, konnte er hohen Lohn fordern, den man ihm nach vollbrachter Leistung – ähnlich wie es dem Arzte Paracelsus oft geschah – wohl manchmal unterschlagen haben mag. Die Rattenfängersage mit ihrer Rache des betrogenen Kammerjägers, der im Jahre 1284 die Kinder seiner Ausbeuter in den Koppenberg lockte, dürfte neben ihrer tiefen und überzeitlichen Symbolik auch noch den Wert eines Streiflichts auf die soziale Lage des freien Berufes in jener Zeit besitzen.

Damals brach auch der gewaltige Strom arabischen Wissens um Krankheit und Heilkunst nach Europa hinein und wurde jahrhundertelang herrschend in der abendländischen Medizin. Die Araber, die freilich vieles Grundlegende von den griechischen Klassikern der Arznei gelernt hatten, waren in der Bekämpfung gesundheitsschädlichen Ungeziefers längst über ein nur mechanisches Vorgehen hinausgewachsen. In ihrer umfangreichen Literatur kommt bereits die Schwefeldioxydvergasung, die »Ausschweflung«, gegen unerwünschte Wohnungsteilhaber aus der Insektenwelt vor.

Heute ist der chemische Kampf gegen Wohnungs- und Wirtschaftsschädlinge gewaltig in den Vordergrund gerückt. Ratten und Mäusen wird nicht mehr mit der Vogelflinte aufgelauert, Fallen gelten nur noch einzelnen Tieren, aber in großzügig organisierten Feldzügen mit Hilfe bewährter Gifte oder der für den Menschen ungiftigen Meerzwiebelpräparate werden die Nager gezwungen, das Feld zu räumen. Schwieriger steht es um die Schädlinge, die zu den Gliederfüßlern gehören. Tausendfüßler kommen in Wohnungen nur selten vor, Asseln leben ohnehin lediglich dort, wo es feucht ist und somit die Bedingungen einer einwandfreien Wohnungshygiene nicht gegeben sind, die Insekten jedoch beeinträchtigen noch immer in hohem Maße Gesundheit und Behaglichkeit des Menschen, zumal ihr lästiges Vorkommen in bewohnten Räumen zuweilen kaum vermeidlich ist und in der Mehrzahl der Fälle den dadurch Geschädigten auch noch in gesellschaftlicher Hinsicht belastet.

Besonders bei der Bekämpfung der Landwirtschaftsschädlinge werden den Insekten gegenüber die ältesten Kampfesweisen, die mechanische Vernichtung, Absammeln, Verbrennen, Leimgürtelfang und ähnliche Verfahren nie ganz entbehrlich sein. Auch durch Aussetzen und Fördern natürlicher Feinde hat man versucht, Insektenplagen zu begegnen. Nicht immer mit Erfolg, in einzelnen Fällen jedoch sogar mit deutlichem Mißerfolg, denn ein Eingriff in das Gleichgewicht der Lebensgemeinschaft, wie das Aussetzen neuer Tierarten, kann in seinen Folgen nicht überblickt werden.

Heute stehen im Vordergrund der modernen Schädlingsbekämpfung zwei chemische Wirkstoffe, Pyrethrum und Derris, die für Warmblütler ungiftig sind und somit den gewerblichen Vergiftungen durch Blausäure, Nikotin und andere ältere Kampfmittel gegen Insekten steuern helfen. Mit beider Hilfe hat eine neue Epoche der Schädlingsbekämpfung eingesetzt.

Pyrethrum, eine aus Japan und den Balkanländern bezogene Körbchenblütlerpflanze, ist in getrocknetem und zermahlenem Zustande seit langem als Insektenpulver bekannt, Pyrethrumextrakte hingegen erobern sich erst nach und nach, doch immer energischer, den Markt. Die darin enthaltenen Insektenvernichtungsstoffe, Pyrethrine genannt, sind für Kaltblütler ein typisches Nervengift, das erst Erregung, dann Lähmung und schließlich den Tod hervorruft. Die mit Pyrethrum bestäubten Tiere bleiben im Lähmungsstadium oft noch tagelang lebendig, sterben aber dennoch. Wie unschädlich Pyrethrum-Präparate für Warmblütler sind – denn höhere Bluttemperaturen zerstören die Wirksamkeit der Pyrethrine – geht aus der Tatsache hervor, daß in Mühlen, Nahrungsmittellagern und Schokoladefabriken oft Verneblungen oder Zerstäubungen pyrethrumhaltiger Fabrikate stattfinden, ohne daß die Vorräte darunter leiden, beziehungsweise gar ungenießbar werden. Schaben, Silberfischchen und andere Schädlinge beginnen einen förmlichen Hexentanz, sobald sie vom Pyrethrumnebel getroffen werden, kommen hastig aus allen Schlupfwinkeln hervorgekrochen und laufen wegen der bald einsetzenden, zunächst halbseitigen Lähmung erregt im Kreise umher. Der Tod tritt nach Stunden, oft erst nach Tagen ein, wenn man nicht vorzieht, die herumliegenden, gelähmten Tiere zusammenzufegen und zu verbrennen.

Nicht ganz so harmlos für Warmblütler ist Derris, eine Wurzel, deren Heimat die Neue Welt ist und aus der einst südamerikanische Indianer ihr Fischgift herstellten. Heute werden Derrispräparate in der Schädlingsbekämpfung ebenfalls viel verwendet. Der Wirkstoff ist ein Zellatmungsgift, das die Wirkung des Pyrethrum bei Kombinationspräparaten vorteilhaft ergänzt, zumal eine Anzahl Schädlinge eher auf dieses, eine Anzahl eher auf jenes reagiert. Derris kann kleinen Warmblütlern wie Hunden, deren Fell zwecks Flohbekämpfung damit eingerieben wurde, erheblich schaden. Auch Arbeiter in Derrisfabriken leiden oft an leichteren Vergiftungserscheinungen. Dennoch ist es harmlos, gemessen an Blausäure, Nikotin, Schweinfurter Grün und den anderen schweren Geschützen, mit denen man früher zu Felde ziehen mußte.

Nicht nur Anlaß zum Nachdenken über Sinn und Unsinn des Sparens war der Messingkäfer, sondern er gab auch Anstoß zu einer gedanklichen Wanderung durch ein Teilgebiet der angewandten Zoologie. Uns Zoologen wird allzuoft der Vorwurf gemacht, wir säßen über Problemen, deren Lösung unnütz sei. Es gibt keine Probleme, wo auch immer sie liegen mögen, aus deren Bearbeitung sich nicht zu guter Letzt ungeahnte Möglichkeiten für die Lebenspraxis ergeben könnten. Hier, in diesem Falle, braucht uns der Arzt, der Wissenschaftler, der Land- und Forstmann, der Weinbauer und der Gärtner. Aber auch wo man uns nicht immer sofort verwenden kann, möge man uns forschen lassen, und sei es zunächst nur um der Forschung selbst willen.

Dringt schon wieder die Mahnung des Todes mitten in meine Gedanken hinein? Leise, aber unaufhörlich klopft es im Holz der Möbel. Die Totenuhr. Wahrhaftig, ich weiche einer Zwiesprache mit dem dunklen Fährmann niemals aus, bin von Kindheit an mit ihm befreundet – jedoch da, wo ahnungsloser Aberglauben ihn in ganz anders zu deutendes Geschehen verstrickt, muß für mich sein Bildnis einem lichteren weichen, dem des Gottes der Liebe. Die Totenuhr klopft nur im Dienste der Liebe, die Geschlechter rufen einander aus dem Holz heraus. Der Holzwurm, der Trotzkopf, die Totenuhr, das sind drei volkstümliche Bezeichnungen für einen kleinen Käfer, der im Holz unserer Möbel lebt und jenes Klopfen erzeugt, das für den Wissenden ohne üble Vorbedeutung ist. Das Käferchen schlägt in seinem Dunkel mit dem harten Kopf in rhythmischen Intervallen gegen die Wand der Bohrgänge, die das Holz unserer Möbel zerstören. Die Bohrlöcher, durch die beide Geschlechter sich einen Weg ins Freie bahnen, um sich in Liebe zu finden und wieder zurückzukehren, verraten uns ihr Anwesendsein im Holz.

Klopfe nur weiter, kleiner Trotzkopf, klopfe dein Liebeslied durch meine Stube, dessen Einförmigkeit für dich dasselbe bedeutet wie für die Nachtigall alle Tausendfalt ihrer Strophen. Jeder träumt seinen Traum vom Sein so gut er kann, bevor er sich demaskiert und hinübertritt ins Wahnlose. Ob man dich als Hausfrau hassen oder als Antiquitätenhändler lieben mag – von der platonischen Liebe, die ich für dich hege, gar nicht zu reden – du bleibst dennoch ein freundlicherer Mitbewohner unserer Räume als die Wohnungsmilben, die, ohne Atmungsorgane und deshalb so schwer mit chemischen Mitteln zu bekämpfen, gelegentlich an der Zentralheizung auftauchen. Wehe dem, der es versäumt, sie aufs allergiftigste zu begrüßen! Als lebender Staub bedecken sie allmählich jeden Gegenstand, dringen mit der Atmung in Lungen und Magen, verursachen Asthma, Durchfälle und Hautleiden, besonders bei Kindern, und zu böser Letzt hinterlassen sie in vielen Fällen, nachdem ihre mühevolle Ausrottung dem Kammerjäger endlich gelungen ist, bei ihren Opfern ein nervöses Leiden, den Ungezieferwahn. Die davon befallenen Menschen, in der Regel Frauen, gleichen fast Geisteskranken, machen den ganzen Tag lang Jagd auf Stäubchen, sprechen von nichts anderem als von Milben und kratzen sich nachts im Bett die Haut wund, über die angeblich winzige Tierchen pilgern. Wer an Ungezieferwahn Leidende gesehen hat, lacht nicht darüber. Es ist eine Krankheit, qualvoll wie Platzangst.

Nie ist der Kulturmensch sicher vor Einschleppung unerwünschter Gäste. In der Reichshauptstadt kämpfen zwei große Krankenhäuser verzweifelt und bis jetzt ohne spürbaren Erfolg gegen die wachsgelbe Pharao-Ameise, die den Weg dorthin über das Warmhaus der Gärtnerei fand. Ganze Ameisenstraßen fließen über die Wände. Wenn man einige der Tiere mit dem Finger zerdrückt, stockt der Nachschub, eine kurze Beratung beginnt, dann wird eine Umleitung der Straße angelegt und die unermüdliche Wanderung setzt sich fort. Da die Pharao-Ameise überall im Innern der Wände und Fußböden nistet, ist ihr einstweilen kaum beizukommen.

Als einziger Trost bleibt die Tatsache bestehen, daß die Ameisen und ihr Gift im Lauf der Jahrhunderte den Kranken aller Zeiten und Zonen als Arznei zu Hilfe kamen. Deshalb soll man sie nicht verfluchen, wenn sie gegenwärtig die Kranken einmal direkt, statt in verarbeitetem Zustande, besuchen. Schon Plinius, der große naturwissenschaftliche Schriftsteller des römischen Altertums, berichtet von Bären, die, wenn sie sich überfressen haben, mehrere Male energisch in einen Ameisenhaufen hineinbeißen und die wimmelnden Tiere mit prompt abführender Wirkung verzehren. Der Zoologe und Hygieniker Prof. Gustav Jaeger, bekannt durch die nach ihm benannten Jaegerhemden, beobachtete in seinem Garten einen Raben, der »mit dem Ausdruck eines ganz selbstverständlichen und angenehmen Vorgangs« Bäder in einem Ameisenhaufen nahm.

Wenn also offenkundig Tiere um die Heilkraft des Ameisengiftes wissen, ist es nicht verwunderlich, die gleiche, aber mehr oder minder in ein System gebrachte Kenntnis in der menschlichen Heilkunst zu finden. Auf das Gut ebendesselben Prof. Jaeger kam von Zeit zu Zeit ein Mann, der nach vorherigem Zustopfen sämtlicher Körpereingänge genau wie jener Rabe Bäder im Ameisenhaufen nahm, mit deren Hilfe er seine Gesundheit zu erhalten behauptete. Diese totalen oder teilweisen Ameisenbäder sind der Volksheilkunde seit je bekannt und finden besonders gegen rheumatische Leiden weitgehende Verwendung. Ein niederländischer Meister schuf das derb humoristische Gemälde, auf welchem eine Frau zu sehen ist, die, wie die Unterschrift besagt, ein langes Leiden für ein kurzes eintauscht, indem sie ihr entblößtes Gesäß in einen Ameisenhaufen drückt.

Die antike Heilkunde verordnete gegen Gicht ein Bad in Wasser, worin zuvor ein ganzer Ameisenhaufen gekocht wurde. Nach Plinius wurden fünf Ameisen, in einem Getränk eingenommen, gegen den Biß giftiger Spinnen verwendet. Den Kropf behandelte man durch Auflegen von »Ameisenerde«.

Seltsam und wenig bekannt ist die chirurgische Verwendung der Ameisen, die bereits der alte Talmudist Abbaj beschreibt, die aber heute noch in Brasilien und in Serbien geübt wird. Zum Verschluß kleiner Harnröhrenfisteln und zur Wundverklammerung läßt man in die sorgsam gereinigten Fistel- oder Wundränder große Ameisen beißen, deren Körper dann abgeschnitten werden.

Doch zurück zur inneren Heilkunst. Der Araber Rhazes, um 900 n. Chr. Leiter des Krankenhauses in Bagdad, kannte nicht nur den Ameisenspiritus, sondern verordnete Ameisenpräparate aller Art. Ein Beispiel gegen Impotenz: Einreibung der männlichen Geschlechtsteile mit einer Salbe aus Sesamöl und zerriebenen Ameisen, unter Zusatz von Rautensamen, Senf, Pfeffer- und Euphorbienextrakt, das Ganze der Sonne ausgesetzt.

Die Sympathiemedizin des Mittelalters, die heute noch im Volke lebendig ist, verwendet Ameisen in oft ebenso absurder wie unerfreulicher Weise: In der Steiermark verschließen Lungenkranke einen selbstgefangenen Frosch in einen Topf, der im Ameisenhaufen vergraben wird. Sobald die Ameisen den Frosch skelettiert haben, ist die Auszehrung verschwunden.

Aber auch hier bahnen sich ahnende Übergänge von der Sympathie zur inneren Heilkunst an. Ein »sehr köstlich Ertzneybüchlein« aus dem 16. Jahrhundert: Zerstoße Ameisenlarven im Mörser, verreibe sie mit Frauenmilch und Öl, und du erhältst eine hochgeschätzte Ohrensalbe. Gegen Störungen und Beschwerden der Regel werden ganze Ameisenhaufen in Säcke geschaufelt, zweimal in Wasser sieden gelassen und in diesem Wasser ein drittes Mal ausgelaugt. Darin wird eine Woche lang täglich gebadet, wobei der Sack mit den zerkochten Ameisen, in den Rücken der Badenden gelegt, die Wirkung des bis zum Nabel reichenden Sitzbades unterstützt.

Ein anderes Buch der gleichen Zeit empfiehlt, einen innen mit Honig beschmierten Topf, welcher Öffnungen aufweist, über Nacht im Ameisenhaufen zu vergraben. Am Morgen werden die darin gefangenen Ameisen mit Wasser übergossen, woraufhin dieses Wasser einen als »Brennen« bezeichneten Prozeß, also eine Art Destillation, durchzumachen hat, um gegen entzündete Binde- und Hornhäute des Auges sowie gegen hitzige Wunden Verwendung zu finden. Das Wasser, in dem ein Ameisenhaufen sechs Stunden lang kochte, wird auf Flaschen gezogen und in der Sonne destilliert, sodann dient es zum Waschen »blöder Köpfe«. Als allzu wirksam scheint sich dieses Rezept nicht erwiesen zu haben.

Steiermärker stecken kranke Glieder in einen Ameisenhaufen und schütteln daraufhin die anhaftenden Tiere ab. In Schwaben werden zerstoßene Ameisen in Wasser gegen Blähungsbeschwerden gegeben. In der Pfalz läßt man Säcke mit darin enthaltenen Ameisenhaufen im Backofen glühend heiß werden und legt sie den Kranken zur Erregung heftiger und heilsamer Schweißausbrüche ins Bett. In Oberbayern macht man weißlederne Säckchen voller Waldameisen auf der Ofenplatte heiß und benützt sie zu Umschlägen gegen Gicht. Dort werden auch Ameisen in Öl gekocht, um kranke Augen damit zu pflegen. Schließlich ist es im Süden unseres Vaterlandes gebräuchlich, zum Frühling einen Ameisenhaufen dreimal mit der Hand zu beklopfen, an dieser Hand zu riechen und die Gewißheit mitzunehmen, nunmehr ein volles Jahr lang bester Gesundheit teilhaftig zu sein.

Nur die spritzenden Ameisen, die Schuppenameisen, zu denen die rote Waldameise gehört, erzeugen Ameisensäure. Diese rote Waldameise findet die weitestgehende Verwendung in der Heilkunst. Der Ameisenspiritus, ein Weingeistdestillat, mit dem lebende Ameisen übergossen wurden, ist allgemein bekannt. Noch vor wenigen Jahrzehnten war der Waldweihrauch, bestehend aus durchbohrten Kienharzstücken, die besonders in polnischen Ameisenhaufen gesammelt wurden, ein wichtiger Ausfuhrartikel insbesondere der schlesischen Drogengroßhandlungen.

In der Heilkunst der Gegenwart findet das Ameisengift vorzugsweise gegen Rheumatismus, Gicht, Wassersucht und Augenleiden Verwendung. Wenn der Zoologe O. Taschenberg begeistert die nervenstärkende Wirkung des Ameisensäuregeruchs, der aus gestörten Ameisenhaufen aufsteigt, rühmt, so geht schon daraus hervor, daß Ameisengift in feinster Verdünnung noch hoch wirksam ist, weshalb es insbesondere in der Arzneimittellehre der Homöopathen eine Rolle spielt. Die homöopathische Prüfung der roten Waldameise am gesunden Menschen hat ergeben, daß Rheumatismus mit Unruhegefühl in allen Gliedern und Drang zur Bewegung, wodurch die Beschwerden aber verschlimmert werden, sowie Muskelschwäche, Eiterungen unter den Fingernägeln und Abfallen derselben, Hautjucken und beträchtliche Urinvermehrung erzeugt werden. Diese Prüfungsresultate geben dem homöopathischen Arzt Hinweise, nach der Ähnlichkeitsregel, nach der man bei einer Erkrankung dasjenige Heilmittel wählen soll, das an einem gesunden Organismus ähnliche Symptome erzeugt wie die des Krankheitsbildes, die seit Jahrhunderten in der Heilkunst wohlbekannte Ameise zum Wohl und zur Genesung seiner Patienten heranzuziehen.

Aus der Geschichte der Pflanzenheilkunde wird uns so vieles erzählt, jedoch auch das Tier lieferte dem Menschen stets Heilmittel in Hülle und Fülle. Die Pharao-Ameise unserer Krankenhäuser gab uns Gelegenheit, an einem Sonderfall Phantastisches und Wahres aus dem Werdegang eines tierischen Heilmittels zu betrachten und damit wiederum einen Blick auf die handgreiflich nützliche Seite der Tierkunde zu werfen.

Nun aber wird es Zeit, in meinem abendlichen Zimmer wieder nach Spuren des Tierlebens selbst zu suchen. Ich trete auf die Blumenkrippe zu. Über die feuchtschwarze Erde der Töpfe wimmelt ein Volk weißer Würmchen. Es sind keine Würmer, sondern Insekten, und zwar Ur-Insekten, deren Flügellosigkeit eine ursprüngliche ist, im Gegensatz zu Blattläusen und anderen Insekten, bei denen sich verschiedene Arten die

Flügel erst nachträglich wieder abgeschafft haben. Wenn ich mit dem Finger den weißen Zwergen zu nahe komme, hüpfen sie in kleinen, geschwinden Sprüngen fort. Sie bewerkstelligen das mittels einer Gabel, die sie auf der Unterseite verborgen tragen und mit deren ruckweiser Fortschleuderung vom Körper sie sich in die Luft schnellen lassen. Das ist eine im Tierreich ziemlich ungewöhnliche Art der Fortbewegung. Wenn ein exotisches, gefahrvoll zu erbeutendes Tier dergleichen vermöchte, wäre es ein begehrtes Schauobjekt. Da es nun aber nur auf der Blumenerde meiner Zimmerpflanzen lebt, findet es wenig Beachtung.

Noch einen weiteren Vertreter der flügellosen Ur-Insekten weiß ich als Zimmergenossen. Ich finde ihn in dunklen Winkeln, unter Pappen und losgelösten Ecken des Linoleumläufers, oft aber läuft er mir auch voll Hast über den Weg, wenn ich unvermutet das elektrische Licht entflamme. Es ist das Silberfischchen, das kleine, hell erglänzende, feingeschuppte Tierchen, das man lieben müßte, wenn es nicht mit seinem Schadfraß so häufig menschliche Interessen durchkreuzte.

Seine Lebensweise ist eine nächtlich verborgene, aber interessant genug. Der Zoologe W. Reichmuth hat viel darüber berichtet. Im Sommer schreitet das Weibchen an unzugänglichem Ort zur Eiablage, wobei es seine Legeröhre behutsam in Dielen- und Mauerritzen schiebt und darinnen die Eier festklebt. Die ausschlüpfenden Larven sind winzige, weiße Einhörner, auf ihrer Stirn steht ein brauner Stachel, mit dessen Hilfe sie die Eischale sprengten, um aus bergender Umhüllung in die abenteuerliche Welt zu gelangen. Die glänzenden, lichtbrechenden Schuppen fehlen der Brut noch. Erst nach der zweiten Häutung werden sie erworben. Zwei Jahre etwa sind dem Silberfischchen, das nach sechsmaliger Häutung geschlechtsreif und erwachsen ist, zugemessen als Frist für die Verwirklichung seines Sinns. Gleich der Kellerassel ist das Tier nicht allzu wählerisch bezüglich der klimatischen Bedingungen seines Lebensraums. Im Feuchten gedeiht es besser, aber Trockenheit hindert es nicht, am Platze zu bleiben und auszuharren. Wärme weiß es zu schätzen, desgleichen die Sitte der Hausfrau, aufzuwischen, denn dadurch wird ihm die Feuchtigkeit, die ihm erwünscht ist, zugeführt. Sein naher Verwandter, das Ofenfischchen, das größer ist und einen gefleckten, behaarten Körper aufweist, kann sogar auf die unbeabsichtigte Klimaverbesserung durch Hausfrauenarbeit Verzicht leisten und zieht deshalb gut geheizte Räume vor.

Beide Fischchen lieben den Zucker sehr, weshalb ihr volkstümlicher Name auch Zuckergast heißt. Außer Pflanzenkost aller Art verschonen sie aber keineswegs Stoffe, Leder und Pelzwaren. Sie folgen dem Menschen überall hin und erinnern ihn mit ihrem blinkenden Leibe an die Welt der stummen Brüder, die ihre Wunder birgt und die er viel zu oft vergißt.

Zoologie vom Zimmer aus zu treiben, ist nicht allzu schwer. Es war nur ein kleiner Ausschnitt aus dem Tierleben dicht neben uns, den ich heute ins Licht hob und dessen Hintergründe nach wie vor im Dunkel ewiger Fragen liegen.

Jetzt bin ich müde. Ein abendliches Glas Wein könnte mir in der herbstlichen Kühle, die durch die Fenster dringt, gerade recht sein. Ich schlüpfe in meinen Mantel und steige die Treppen hinunter. Die Straße umfängt mich mit dem weinroten Licht ihrer Bogenlampen, die in einem Winde schaukeln, der vom nahen Winter weiß.

Weintrinken will gelernt sein. Alte Schiffer sind Eingeweihte in den Kult sanfter Berauschung. Ich wandere an den Kanälen hin, zum Fluß, der durch meine Heimatstadt das Funkeln seiner Wellen trägt. Dort liegt eine Schifferkneipe, die für Stromschiffer im Binnenland einen Abglanz des Zaubers von Amsterdam und Hamburg bereit hält. Modelle hanseatischer Segler hängen über den Tischen, Duft von Teer erfüllt den rötlich leuchtenden, verqualmten Raum, und über dem Schanktisch schwankt an dünnem Draht ein ausgestopfter Igelfisch. Schon wieder grüßt mich die Herrlichkeit des Tierlebens und ihr unergründliches Geheimnis.

Jede Woge des Weltmeers ist Heimat für unzählige Organismen, die von ihr getragen werden wie von einem kristallenen Schicksal, das keinen Widerstand duldet. Nicht nur mikroskopische Pflänzchen und Tierchen sind es, die im Wasser auf jede Förderung durch eigene Bewegung verzichten müssen und dem Spiel des Elementes auf Gedeih und Verderb ausgeliefert sind. Auch größere Lebewesen gehören dazu, schwimmende Tange, unbeweglich ruhende Kleinkrebse und schimmernde Rippenquallen. Der Biologe Hensen bezeichnete diese Welt der passiv schwimmenden Lebensträger als Plankton, ein seitdem allgemein gebräuchliches Wort. Die Schicksalsergebenheit des Planktons ist nicht jedermanns Sache, und so bergen Ozean und Süßwasser denn auch eine große Anzahl von Tieren, die mit bestem Erfolg gegen den Strom schwimmen. Für die Fische und Tintenfische, für die Meeressäugetiere und die Blutegel der Dorfteiche, für alles Getier, das aktiv zu schwimmen vermag und somit in Gegensatz zum Plankton steht, wurde von Ernst Haeckel der Sammelname Nekton geprägt. Damit sind die Bewohner des Wassers nach ihrer Lebensweise in zwei Gruppen geteilt, in Plankton und Nekton.

Nun gibt es aber in der belebten Natur nirgends scharfe Grenzen, und überall begegnen wir Eigenbrötlern, die sich keiner Einordnung fügen wollen. Plankton oder Nekton, das ist für den Igelfisch, der zur abenteuerlich gestalteten Knochenfischunterordnung der Haftkiefer gehört, kein Entweder – Oder. Er entscheidet sich lieber für ein Sowohl – Als auch.

Der Igelfisch ist einer der widerborstigsten Burschen aus des Schöpfers großer Menagerie. Das sieht man ihm schon an der Nasenspitze an. Eine »Nasenspitze« besitzt er natürlich nicht, aber statt dessen einen messerscharfen Schnabel, den die miteinander verschmolzenen Zähne beider Kieferhälften bilden. Wie ein bösartiger Papagei versteht er damit zuzubeißen, und von den Wunden, die solch ein Biß hinterläßt, weiß mancher Fischer ein Lied zu singen.

Wenn man von der gefährlichen »Nasenspitze« absieht, macht ein gutmütiger Igelfisch zunächst gar keinen so herausfordernden Eindruck. Er ist mehr oder weniger spindelförmig gebaut wie alle Fische, trägt aber auf der Haut knöcherne Stacheln, die friedlich nach hinten gekämmt liegen. Man sieht ihm den Teufel kaum an, in den er sich so schnell zu verwandeln vermag. Denn der Igelfisch ist Choleriker. Die geringste Zornesaufwallung, die leiseste Anwandlung von Furcht, oft auch nur ein wenig Müdigkeit – und schon ist aus dem schlanken Fisch und flotten Schwimmer ein Tier des Planktons geworden, das sich treiben läßt. Aber was sind Krebschen oder Quallen für harmlose Planktonten, gemessen an diesem ihrem Gefährten aus freier Wahl! Im Nu vermag sich der Igelfisch gewaltig aufzublähen, so daß er zur stachelstarrenden Kugel schwillt. Er schluckt einfach Luft in sich hinein, eine sackförmige Ausstülpung der Speiseröhre und des Magens wird vollgepumpt, die Knochenstacheln lassen sich willkürlich aufrichten: Gefährlicher anmutend als eine Mine, treibt nun das Tier über die tropischen Meere dahin, den hohlen, dornenbesäten Bauch gen Himmel gerichtet.

Jedoch die Abneigung des Igelfischs gegen jedwede naturwissenschaftliche Platzanweisung zeigt sich auch noch anderweitig. Denn dieser Hochseefisch stattet auch den Flüssen Afrikas und Asiens gern einmal Besuch ab. Da gehört er denn wieder tapfer zum Nekton, wenn es gilt, stromaufwärts zu klimmen.

Stacheln und wehrhafter Schnabel genügen ihm nicht, um seinen Feinden den Appetit zu verleiden – er ist außerdem giftig. Aber während das Gift der übrigen giftigen Meeresfische durch Kochen zerstört werden kann, ist das seine kochfest. Es sitzt in den Eingeweiden, hauptsächlich in den Eierstöcken, ruft beim Menschen Lähmung, kaltes Fieber und Atemnot hervor und wirkt fast immer tödlich. Die Japaner nennen es Fugugift und bedienen sich seiner, um unliebsame Mitmenschen mit Sicherheit aus der Welt zu schaffen.

In den Seemannskneipen von San Franzisko, Marseille, Sankt Pauli und sogar hier, im Binnenlande, baumeln ausgestopfte Igelfische von der verräucherten Decke herab. Selbst ihre Glasaugen funkeln noch von Gift und Galle, und die Fliegen, deren Rüssel auf den Knochenstacheln herumtupfen, liegen bald darauf tot am Fußboden, weil der Präparator die Leichen der Rebellen des Ozeans mit Arsen einbalsamierte.

Igelfisch über dem Schanktisch, ich leere mein Glas auf dein Wohl. Trotzig zu sein und sich keiner Regel zu beugen, ist eine heldische Haltung, in der du mir gefällst!

Und dennoch spukt's in Tegel

Als Berufszoologe muss ich natürlich vielerlei Sachliches durcharbeiten, ich habe kurvenzeichnend über Millimeterpapier gesessen, mußte die Wärmereaktion meiner geliebten Asseln auf einer kompliziert konstruierten Temperaturorgel bewachen und bin in Forschungs- und Industrielaboratorien, Museen und Sektionssälen lange genug zu Hause gewesen. All das ist notwendig um der großen Nüchternheit willen, die Voraussetzung wahrer, wissenschaftlicher Forscherarbeit bleibt. Aber oft auch bin ich dieser Nüchternheit müde.

Das Tierreich ist uferlos. Der Zoologe enträtselt es nicht, sondern verlegt alles Geheimnisvolle bestenfalls um eine Handbreit von der Oberfläche fort. Wenn er glaubt, für ihn habe sich das Spukhafte der Schöpfung aufgehellt zu einer Übersicht nackter Tatsachen, die mit theoretischen Kunstgriffen zurückführbar sind auf mechanische Faktoren, so irrt er in grotesker Weise. Über sein durstiges und doch so ohnmächtiges Menschenhirn braust mit Allgewalt die Tierheit dahin als wüste Walpurgisnacht.

Viele ausgezeichnete Naturforscher haben sich zeitlebens neben der Nüchternheit, die zur Erfüllung fachlicher Aufgaben Bedingung ist, den Sinn für das Dämonische der Schöpfung lebendig erhalten. In der Geschichte der Naturwissenschaften sind Fälle bekannt, die diesen Sinn für Dämonisches plötzlich derart energisch die Oberhand gewinnen ließen, daß sich Tragödien ergaben. So starb auf Grund einer mystischen Entflammung als namenloser Pilger und Wanderprediger der Vater wissenschaftlicher Tieranatomie, der Holländer Swammerdam, der im 17. Jahrhundert seine noch heute mustergültige »Bibel der Natur« verfaßte. Dem Schweizer Paläontologen Greßly, der im vorigen Jahrhundert das schwierige Gebiet der Rekonstruktion vorzeitlicher Riesenechsen bearbeitete, wurde die Dämonie seines Stoffs vollends zum Verhängnis.

Er erlosch im Wahnsinn, umtanzt und verfolgt von Drachenbrut. Auch ein Astronom hohen Ranges, der Göttinger Sternwartendirektor Prof. Wilhelm Klinkerfues, berühmt als Doppelstern- und Kometenforscher, kannte neben seiner Facharbeit die Hingabe an das Magische, das aus den Sternen zu ihm sprach. Sein Leben lang liebte er, gefangen vom Eros der Ferne – um Schulers schöne Formulierung zu gebrauchen – den hellen Fixstern Capella. Jede Nacht, nach vollbrachter wissenschaftlicher Arbeit, richtete er das Fernrohr zur Capella hin und führte Zwiegespräche mit dem Stern. Dieses Liebesbündnis besiegelte er vor einem halben Jahrhundert, indem er sich eines Januarnachmittags, auf der Höhe seines Ruhmes, am Fernrohr, in das die Capella strahlte, erschoß.

Nicht immer muß der Trieb, vom bloß hirnlichen Erfassen der Schöpfung vorzudringen ins Durchschauertwerden von ihrer Dämonie, auf solche Weise enden. Aber die saugende Sehnsucht ist mir allzu gut bekannt, die fortreißt aus dem Bezirk des mühsam Geordneten in die Schrecknis durcheinandergewirbelter Weltentrümmer. Wohl liegen Tabellen, Kurven, Sezierbesteck und alles andere Rüstzeug zur zweckmäßigen Einordnung des Unbekannten in unser hirnklares Weltbild auf meinem Arbeitstisch – »doch im Erstarren such' ich nicht mein Heil, das Schaudern ist der Menschheit bestes Teil!«

Als wisse sie, was in mir vorgeht, knackt in ihrem Käfig meine Waldohreule Satanas mit dem Schnabel und plustert ihr Gefieder auf. Der Hexenvogel, das Leichenhuhn! Die Federohren gleichen den Hörnern des Gottseibeiuns, und aus dem Gesicht schaut mich die Maske E. T. A. Hoffmanns an. Ich schneide der Eule ein Stück Fleisch zurecht, das ich in Federn eines zerschnittenen Kopfkissens wickle. Eulen sind, wie alle Raubvögel, gewöhnt, das Unverdauliche ihrer Beute, Knochen, Haare, Federn, in Form von Gewöllen nach getaner Verdauungsarbeit wieder auszuwürgen. Ich bin es der Gesundheit meines Pfleglings schuldig, ihm dazu Gelegenheit zu geben. Auf dem Käfigboden liegen bereits einige solcher Gewölle umher. Das Tier beobachtet durch sein Gitter meine Tätigkeit und hüpft vor Erwartung auf seiner Stange umher wie ein tanzender Derwisch. Es fährt mit den Fängen auf das Fleisch zu und benimmt sich, als wäre ihm lebende Beute anheimgefallen. In Freiheit ist seine Nahrung vielseitiger. Vogelkundler können aus den Raubvogelgewöllen, die für jede Art charakteristisch sind, ausfindig machen, wovon sich ihr Urheber ernährte. Die Gewöllestatistik ist zu einer Hilfswissenschaft der Forstkunde geworden und gibt Auskunft über Nützlichkeit oder Schädlichkeit der einzelnen Raubvögel unserer Heimat.

Nachdem Satanas sein Fleisch verschlungen hat, öffne ich die Käfigtür und lasse ihn lautlos hinausgleiten in mein Zimmer, dessen Lampe der Vogel mit weichen Fittigschlägen umschwebt. Dann gehe ich fort, um inmitten der entfesselten Tiere Spuk unter Spuk zu sein.

Der Zoologische Garten wird geschlossen. Zu dicht ist das Dämmern geworden, als daß die Besucher noch auf ihre Kosten kämen. Ein Wärter schreitet klingelschwingend die Wege ab und weist verspätete Gäste zum Portal. Ich jedoch bleibe im Garten, sehe zu, wie er verschlossen wird, warte ab, bis sich auch das Personal verlaufen hat und nun die Nacht mit allen Schatten sieghaft ist.

Allmählich verebbt der ferne Lärm des Stadtverkehrs zu wesenlosem Summen. Als dunkle Kulissen stehen die Bauten der gefangenen Tiere über mir. Bald muß die große Stunde beginnen. Ich lausche, aber nur das Klopfen meines eigenen Herzens erfüllt mein Ohr.

Da schreit jäh das Pumaweibchen auf. Noch einmal. Und bevor der Trompetenstoß aus traumhafter Urwaldwirrnis sich zum drittenmal ereignen kann, fällt ein ganzer Chor heulender Präriewölfe ein. Ich kann sie nicht sehen, aber vor meiner von diesen Lauten zu wildester Sehnsucht hingerissenen Vagantenseele breiten sich die Savannen des wilden Westens aus, über denen der Mond hängt. Auf den Hügeln voll dürrem Gras stehen die Schatten der Kojoten, den Kopf steil emporgehoben, und heulen, heulen ihr gespenstisches Bekenntnis zu einem Himmel empor, der noch immer die verschwundenen Büffelherden und Indianer betrauert.

Nicht lange bleibt mir Zeit, die grandiose Schwermut des Präriewolfchores vor mir zum Bild werden zu lassen, denn nun schrillt ein klirrendes Zwitschern dazwischen, das die Honigdachse hinausschreien aus ihren vergitterten Höhlen. Nicht minder schrill, doch zu ungeheuerlichem Jauchzen gesteigert, brüllt der Gibbon aus den Mauern des Affenhauses herüber, und indessen seine Stimmgewalt das Nachtdunkel zerfetzt, setzt mit Wut und Wucht ohnegleichen die gesamte Eroika der zum Rausch ihres Blutes erwachten Tiere ein. Die Hölle ist entfesselt, alle Posaunen des Gerichts dröhnen über Gitter und Mauern, das Gebrüll des Löwen wird überhöht vom gellenden Trompetengeschrei der Elefanten, das zittrige Jammern des Kapuzineräffchens umrankt den Uhuruf, und beide werden fortgeblasen, wenn heiser ein Tiger faucht.

Noch einige Atemzüge der Berauschung an diesem Orchester sind mir gestattet, dann aber ist kein einziger Laut mehr zu sondern aus dem Katarakt der ineinander verbissenen Stimmen, die nun auf mich niederwuchten wie das Pandämonium. Aus Brummen und Grunzen, Bellen und Geheul, aus rhythmischem Jubeln und Jauchzen, stoßendem Gebrüll und schrillen Dissonanzen wälzt sich Woge über Woge durch die Nacht, die Urnacht, da alle Geschöpfe geborgen sind im Schrei, den das heißer rauschende Blut befiehlt. Ich fliehe auf den Wegen, durch deren Düsternis Geruch der Wildnis dampft, zwischen Gittern umher, die im Anprall des donnernden Gesanges erzittern. Und während der Gott der gefangenen Tiere weiterwütet auf der Orgel ihrer angespannten Kehlen, stehen die mythischen Geschöpfe selber rechts und links meiner dahineilenden Schritte, nicht mehr als Wesen, die ich kenne, sondern als Heiligtümer einer versunkenen Welt.

Westwind fetzt die Wolken einen Spalt weit auseinander. Über dem Schädel des Elefanten, über dem hoch aufgebogenen Rüssel, glänzt das Kreuz des Südens. Den Löwen darf ich nur ahnen im Dikkicht des Dunkels, durch dessen Unergründlichkeit das Konzert weiterrast mit den Gewittern entfesselter Blutvulkane. Es ist nicht der Löwe Afrikas, der durch Steppengras springt, es ist die löwenhäuptige Göttin Sachmet, die die Tempel Ägyptens hütet, den Schlüssel des Lebens in der Rechten. Mit Wellengeruch und dem ewigen, eintönigen Schall der See ist Robbenspuk mir nahe, ich sehe Wale über den verwaschenen Himmelsrand ziehen und höre die Trommel im Sommerzelt der Eskimos dröhnen. Da steigert sich das Unfaßbare, der Niedersturz losgebundener Stimmen, zu einem Gewaltmotiv von grenzenloser Herrlichkeit: Die Seeschlange, die uralte, nie geglaubte, taucht abermals empor aus den finstersten Tiefen der Meere, ergreift mich mit purpurglühendem Rachen und hebt meinen winzigen, zappelnden Menschenleib über die Mauer hinweg, während im Halleluja der eingesperrten Kreaturen das zum Wahnsinn gesteigerte Bild vom gottgewordenen Tier zerpufft wie Feuerwerk.

Ich stehe wieder außerhalb der Umfriedung, hinter der die Bewohner des Zoologischen Gartens ihr Blut aufrauschen ließen zum nächtlichen Orchester aus Wildheit und Wunder. Autos huschen über die glatten, asphaltenen Straßen, im Innern der Cafés am Boulevard lockt andere, zartere Musik. Das Mysterium Tier ist aber auch dort noch überwirklich, im Wogen des Tanzes, im Duft der Sommerkleider, im Blick aus den Augen der Göttin Sachmet, der mich wiederum streift.

Ich setze mich auf eine der Terrassen, unter die im Winde schaukelnde Ampel, die meinen Tisch beleuchtet. Ein chinesischer Aschbecher mit einem in Metall getriebenen Drachen steht vor mir auf dem Tisch. Der Drachen umringelt mein Herz. Ach, wie heiß ich seit je die Drachen liebe!

Schon als Knabe trug mich eine zum Drachen maskierte Lokomotive durch das geheimnisvolle Dunkel einer Grottenbahn, in deren Nischen Zwerge hämmerten und Hexen hausten. Dann, in den Jahren der scheidenden Kindheit, ließ meine Phantasie ein Drachenvolk aus Feuer um die Türme der Stadt kreisen, wenn ich schlaflos lag und über den Dächern das Sausen der Windgeister vernahm. Als ich späterhin Zoologie und Paläontologie studierte, gehörte mein Hauptinteresse den Reptilien, besonders denen der Vorwelt, auf deren Drachentum sich der Mensch seit je entsann. Nach Dacqués und Westenhöfers unabhängig voneinander erfolgten Forschungen ist es kaum noch zu leugnen, daß im Erbgedächtnis der Menschheit Erinnerungen lebendig sind, die zurückragen in die Welt des Erdmittelalters, als Riesenechsen die Tyrannen der Erde waren. Der Mensch, dessen erdgeschichtliches Alter ein immer höheres wird, je mehr Funde in Forscherhände gelangen, muß noch zusammengetroffen sein mit den schreckhaften Kolossen jener Epoche. Die Siegfriedsage hat neben ihrer Symbolbedeutung auch noch die eines historischen Berichts.

Eine Frage von weit größerer Tragweite ist die, ob es auch heute noch, in den Tiefen der Weltmeere oder im Innern afrikanischer Sümpfe, Drachen geben mag. Das Ungeheuer von Loch Ness ist noch in frischer Erinnerung. Ein sehr nüchterner Tierhändler wie der alte Hagenbeck glaubte fest an das Vorkommen gewaltiger, drachenartiger Riesentiere im Innern des Kongo. Und der Afrikaforscher C. W. H. Koch hielt vor wenigen Jahren die gleiche Möglichkeit für naheliegend, nach allem, was seine Kenntnis des Kontinents ihm darüber an Indizienmaterial vermittelte. Als vor einem Jahrzehnt der englische Schriftsteller und Grenzwissenschaftler Arthur Conan Doyle den phantastischen Roman »Die verlorene Welt« erscheinen und anschließend verfilmen ließ, drang die Frage nach der Möglichkeit eines noch heute auf Erden vorhandenen Urweltlebens in weiteste Kreise. Conan Doyle schildert in dieser meisterlichen und auch naturwissenschaftlich außerordentlich wertvollen Erzählung den Kampf des Zoologen Professor Challenger, der mitten im unbekannten Südamerika ein Hochplateau voller kreidezeitlicher Drachen entdeckt hat, gegen seine ungläubigen Kollegen. Eine Kommission, die Challenger als Schwindler entlarven soll, reist unter seiner Führung zur Neuen Welt und sucht das Plateau auf, um dort die grandiosesten Abenteuer zu erleben und mit einer riesigen Flugechse als Beweisstück in das verdutzte London zurückzukehren.

Gewiß nur ein Roman – aber er ist von Anfang bis Ende kein utopisches Phantasiestück, sondern ein dichterisches Spiel mit Möglichkeiten, die jeden Tag Erfüllung finden können. Es gibt eine beträchtliche Anzahl ausgezeichneter Naturforscher, die mit guten Gründen an das Vorhandensein kreidezeitlicher Riesensaurier im Weltmeer oder in tropischen Sümpfen von weitestgehender Unzugänglichkeit glauben. Ein solcher Riesensaurier – wohl zu den langhalsigen Plesiosauriern oder den gestreckten, schlangenähnlichen Mosasauriern gehörig – dürfte die berüchtigte Seeschlange sein.

Daß die Mehrzahl der Menschen ihr nicht begegnet ist, spielt keine Rolle. Daß aber eine gar nicht so kleine Zahl glaubwürdiger und ehrenhafter Männer aller Zeiten von einem Zusammentreffen mit ihr zu berichten weiß, sollte vor leichtfertigem Verneinen ihrer Existenz warnen. Neunmalkluge, die diesen erfahrenen Seeleuten eine Verwechslung der vermeintlichen Seeschlange mit hintereinander schwimmenden Delphinen, mit Tintenfischarmen oder mit Treibholz vorwerfen, mögen einmal das gewichtige Werk zur Hand nehmen, das der englische Lt.-Commander R. T. Gould, der systematische Beobachter des Loch-Ness-Ungeheuers, fußend auf Arbeiten von Prof. Oudemans, über glaubwürdig bezeugte Seeschlangenbeobachtungen aus alter und neuer Zeit verfaßt hat. Es ist auch deutsch erschienen unter dem Titel »Begegnungen mit Seeungeheuern«, und kein Geringerer als der deutsche Korvettenkapitän Georg-Günther Freiherr von Forstner hat es eingeleitet. Forstner gehört selbst zu denen, die die Seeschlange aus Erfahrung kennen. Das ihm unterstellte U-Boot »U 28« hatte am 30. Juli 1915 im Atlantik, etwa sechzig Seemeilen südwestlich von Irland, den englischen Dampfer »Iberian« versenkt. Dieser Dampfer führte vermutlich eine Sprengladung an Bord, die in den Schiffspapieren nicht angegeben war. Kurz nachdem die Wellen das Schiff völlig verschlungen hatten, ereignete sich unter Wasser eine Detonation und es wurde ein etwa zwanzig Meter langes, krokodilähnliches Tier mit flossentragenden Vorder- und Hinterbeinen zwanzig bis dreißig Meter hoch in die Luft geschleudert. Außer Forstner selbst ist nur der Koch des U-Boots noch am Leben und hat das gleiche Tier seinerzeit mitbeobachtet. Die übrigen Zeugen des Vorfalls sind im Kriege gefallen. Ein deutscher Offizier legt öffentlich sein auf Beobachtung gestütztes Bekenntnis zum Vorhandensein von Seeungeheuern ab. Ein englischer Offizier tut dasselbe und stützt seine eigenen Erfahrungen durch Heranziehung von weiterem Beobachtungsmaterial, das zum großen Teil aus der Zeit der Segelschiffahrt stammt. Damals wurden Seeschlangen öfter gesichtet, weil noch kein Motoren- und Schiffsschraubenlärm die scheuen Tiere in die Tiefe scheuchte. Jedoch auch aus der Nachkriegszeit liegt noch eine Anzahl bestbezeugter Berichte vor. Es handelt sich dabei durchweg um Beobachtungen see- und tierkundiger Männer, die keinesfalls von Gesichtstäuschungen und Mißdeutungen genarrt wurden, zumal fast alle Aufzeichnungen von peinlicher Genauigkeit sind und meist nicht aus der Feder eines einzelnen stammen, sondern sich auf Aussage der gesamten Mannschaft berufen können.

Das technische Zeitalter, in dem wir leben, glaubt Himmel und Hölle bezwungen zu haben. Alle weißen Flecke auf der Landkarte werden immer kleiner und verschwinden schließlich ganz. Die Wissenschaft schreitet mit Titanenschritten fort bis an die Grenzen der Vermessenheit. Und dennoch spukt's in Tegel!

Die Seeschlange läßt sich nicht ohne weiteres entdecken, sie entzieht sich dem Zugriff der tierkundlichen Systematik und macht böses Blut in Kreisen Ungläubiger und Überzeugter. Sie beunruhigt. Die fast Hirnlose – welch Satyrspiel! – beunruhigt den sich in seiner Hirnlichkeit geborgen Wähnenden.

Wenn die Seeschlange, wie nach allem, was von ihr bekannt wurde, anzunehmen ist, zu den Drachen, den Riesenechsen des späten Erdmittelalters gehört und somit einen in fremde Zeiten verirrten Repräsentanten aus versunkener Vorzeit darstellt, so teilt sie mit diesen Sauriern die erstaunliche Eigenschaft, fast kein Hirn zu besitzen. Die gewaltigsten Tierkolosse, die jemals lebten, besaßen das winzigste Hirn, das sich vorstellen läßt. Sie wurden überflügelt und dem Vergessen preisgegeben durch das wehrlose Wesen Mensch, dessen zarter Leib ein um so größeres Hirn trug. Gab es doch unter den Riesensauriern einige Arten, bei denen das Rückenmark in der Lendengegend Verbreiterungen aufwies, deren Gewicht schwerer wog als das, was sie an ganglienführender Substanz im Schädel umhertrugen. Nun jedoch, wo der Mensch bis an die äußerste Grenze seiner Hirnleistung vorgedrungen ist, tauchen – »Alles Vergängliche ist nur ein Gleichnis!« – aus dem Abgrund des Urmeers die Drachen des Einst empor, schreckhaft und fremd. Unser Hirn vermag sie nicht hinwegzudiskutieren, unsere Unterseeboote werfen sie empor ins Licht des Tages, und sagendüstere Bangnis bemächtigt sich unser als ein Ahnen fernen, fernen Kampfes ... Siegfried sind wir, aber alles Baden im Drachenblut ließ dennoch eine verletzliche Stelle zurück.

Wenn urhaftes Wirbeltiervolk aus dunkler Zeitenferne so hirnlos lebte, wie konnte es bestehen im Daseinskampf? Der Wirbeltierkörper ist doch schon sehr hoch organisiert, verlangt doch Lenkung, bedarf doch inneren Lichtes? Wo nahmen Panzerfisch und Urreptil dieses Licht für ihren Weg durch das Leben her, wenn ihr Hirn ein so armseliges war?

Prof. Edgar Dacqué hat diese Fragen in genialer Weise gelöst und damit Perspektiven von gewaltiger Weite eröffnet. Die erdurzeitlichen Panzerfische, die ältesten Wirbeltiere überhaupt, tragen in ihrem aus Hautverknöcherungen zusammengesetzten Schädel neben den Augenöffnungen noch weitere Öffnungen, durch die rätselhafte Ursinnesorgane Verbindung mit der Außenwelt fanden. Ein sich im Laufe weiterer erd- und stammesgeschichtlicher Entwicklung immer mehr verlierender Ursprünglichkeitszustand des Hirns und der Sinnesorgane war dort vorhanden, der im Embryonalleben der Wirbeltiere auch heute noch skizzenhaft angedeutet wird und den Dacqué die »Ursinnessphäre« nennt. Von dieser Ursinnessphäre findet sich im Laufe der weiteren Entfaltung des Wirbeltierlebens noch eine Zeitlang ein hintereinander gelegenes Öffnungspaar auf urtümlichen Fischschädeln vor, das Stirn- und das Scheitelauge. Ein Scheitelauge besitzen auch die Urformen der

Lurche und Reptilien, ja sogar eine aus diesem Grunde berühmte Echse der Gegenwart, die Brückenechse aus Neuseeland, hat ein solches Scheitelauge bis heute bewahrt, obgleich es von einer Haut überzogen und dadurch in seiner Funktion behindert ist. Dennoch ist sein anatomischer Bau mit Linse, Dunkelkammer und Netzhaut eindeutig der eines Auges. Viel stärkere Rückbildung erfuhr dieses Scheitelauge bei unserer Blindschleiche und bei den Fröschen, die es aber gleichfalls besitzen, letztere als sogenannten Stirnfleck. Das Scheitelauge weist funktionelle Verbindung zu einer Blutdrüse, der Zirbel, auf, die ihr Sekret nicht nach außen, sondern in die Blutbahn entleert und somit zu den Drüsen mit innerer Sekretion gehört, deren Absonderungen, die Hormone oder Botenstoffe, von entscheidender Wichtigkeit für die Aufrechterhaltung des Gleichgewichts im Organismus des Menschen und der höheren, wahrscheinlich auch der niederen Tiere sind. Die gewaltig wachsenden Großhirnmassen des Menschen haben die Zirbel von jeglicher, ursprünglich vorhandenen, Verbindung mit der Außenwelt fortgedrängt. Sie ist so zu einer Blutdrüse geworden, deren Aufgabe es ist, eine vorzeitige Absonderung der Geschlechtshormone zu verhindern. Erweist sie sich durch Entartung dieser Aufgabe nicht gewachsen, so sind frühreife Zwerge mit Bartwuchs und zerrbildhafter Vorwegnahme des Erwachsenseins die traurige Folge.

Bei den urzeitlichen Panzerfischen war außer dem Scheitelauge noch ein zweites »Auge« funktionsfähig, dessen Überreste wir als Nebenorgan der Zirbel gleichfalls noch, vom Großhirn umhüllt, im Schädel tragen – die sogenannte Paraphyse. Da dieselben Panzerfische aber auch noch ein Paar ganz normale, durch seitliche Schädelöffnungen mit der Außenwelt in Verbindung stehende Augen besaßen, die zum Sehen im alltäglichen Sinne hinreichend befähigten, nimmt Dacqué an, daß jene urtümlichen Augen auf dem Schädeldach eine ganz andere Art der Wahrnehmung zu vermitteln hatten. Während der Embryonalentwicklung des Menschen legt sich zu allererst, bevor sich das Großhirn aufwölbt, der Geruchssinn an, die »Urgeruchssphäre«, der sich eine weitere Blutdrüse, der Hirnanhang, beigesellt, dessen Hormone das Längenwachstum des Körpers regulieren. Der Hirnanhang wird im weiteren Verlauf der Keimesentwicklung seiner Beziehungen zur Außenwelt beraubt und tiefer in den Schädel hineingedrängt, während sich das Geruchsorgan nach vorn und aufwärts bewegt. Die »Urgeruchssphäre« mit ihrem frühen Geprägtsein weist auf Stadien der Wahrnehmung hin, in denen das Geschöpf weder zu sehen noch zu hören oder sonstige klare, eng umschriebene Eindrücke zu empfangen vermochte. Statt dessen aber konnte es – wittern.

Das Witterungsvermögen ist durchaus geheimnisvoll, eine Art Hellsicht, ein Ursinn vorhirnlicher Art und in seinen Leistungen von rätselhafter Weite. Dacqué versäumt bei Erörterung seiner Theorie der »Ursinnessphäre«, auf den Apostel des Witterungssinnes, den Arzt und Zoologen Prof. Gustav Jaeger, hinzuweisen, der vor einem halben Jahrhundert ein totalbiologisches Weltbild mit Hilfe des geschulten Witterungsvermögens aufbaute, das heute durch die Forscherarbeit seines Enkels, des Homöopathen Dr. Walther Kröner, in seiner prophetischen Großartigkeit wiedererweckt und für die Wissenschaft vom Leben nutzbar gemacht wird. Gustav Jaeger schrieb ein seinerzeit berühmtes, zu Unrecht vielverspottetes Werk »Die Entdeckung der Seele«, in dem den Düften und Witterungsqualitäten und allem, was sie uns zu verraten haben über unser seelisches Sein, mit neuartiger Methodik nachgegangen wurde. Es war dem Forscher möglich, mit Hilfe sensitiver, eine gute Witterung besitzender Versuchspersonen allerfeinste, kaum glaubliche Wahrnehmungswerte erspüren zu lassen, deren Feststellung dicht an dasjenige grenzte, was man mit dem Sammelnamen Hellsehen bezeichnet. Die inzwischen von fachwissenschaftlicher Seite erfolgte Bestätigung der Ergebnisse Jaegers ist zugleich eine Bestätigung dessen, was Dacqué mit dem nahezu traumwandlerischen Allumfassungsvermögen der Ursinnessphäre meint.

Gleichfalls vor der embryonalen Großhirnentfaltung werden beim höheren Wirbeltier jenes Scheitelorgan, das dann allmählich ins Hirn einsinkt und als Zirbel im Leben des fertigen Geschöpfes innersekretorische Aufgaben zu erfüllen hat, und die schon genannte Paraphyse angelegt. Beide Organe bewahren ebenso wie der Hirnanhang auf frühesten Stadien der Keimesentwicklung ihre Selbständigkeit dem Hirn gegenüber. Das Scheitelauge der urzeitlichen Reptilien repräsentiert einen verlorengegangenen Ursinn, dessen dunkle Reste auch wir noch in uns wissen.

In den frühesten embryonalen Entwicklungsstadien jetztweltlicher

Fische sind die genannten Ursinnesorgane zu einer Zeit bereits vorhanden, während der von echten Augen und von Hörsinnesorganen noch nichts in Erscheinung tritt. Die Urwitterungssphäre liegt dann noch frei und der Hirnanhang ist noch nicht ins Innere gerückt. Da das Großhirn noch gar nicht entfaltet ist, wird es ersetzt durch die freiliegenden Organe der Ursinnessphäre – das Bild dieses frühen Stadiums der Keimesentwicklung gibt deutlich Auskunft über einen stammesgeschichtlich uralten Zustand des Wahrnehmens.

Die Nerven, die von den Ursinnesorganen ausgehen, senken sich später ins Gehirn. Dacqué gebraucht das anschauliche Bild: »Gerade wie Würzelchen eines eingesetzten Pflanzenkeimlings sich in das Erdreich senken«, und er fährt fort: »Wie nun die Pflanze eine Welt für sich ist und das Erdreich auch, so sind vergleichsweise auch jene Ursinnesorgane innerhalb des ursprünglichen Gesamtorganismus eine Sinnessphäre für sich gewesen.«

Heute sind die Organe dieser Sinnessphäre vom sich gewaltig aufwölbenden Hirn verschluckt und in ihrer Funktion umgewandelt worden. Statt Sinneswahrnehmungen zu vermitteln, stehen sie im Dienst der inneren Sekretion, mit Ausnahme des Witterungssinnes, der auch für nicht sensitive Menschen noch immer innigste Beziehungen zum Ahnen, Schauen, Erinnern und anderen seelischen Regungen hat. Wer kennt nicht das geheimnisvolle Auferstehen längstvergessener Welten, wenn ein Duft des Einst ihn anrührt? Wer weiß nicht vom Zauber der Düfte im unübersehbaren Bereich des Erbgedächtnisses? Der Geruch brennenden Kienholzes, der Weihrauchduft, der Hauch des Harzes ist für den Menschen seltsam anheimelnd und schätzenswert, weshalb es kaum ein Weihnachtsfest gibt, an dem nicht Zweige des Tannenbaums der brennenden Kerze nahegebracht werden, allein um dieses Duftes willen. Im Erbgedächtnis der Menschheit hat sich dieser Geruch festgesetzt als Aroma des Geborgenseins, denn es ist der Geruch des Lagerfeuers, der Mahlzeit, der Rast nach hartem Tage, es ist der Geruch, den die Urheimat spendete. Wir späten Enkel spüren ihn mit derselben Lust wie jene Ahnen, für die er noch unmittelbare Bedeutung besaß. Die Ursinnessphäre ist mit allem, was Witterung heißt, lebendig geblieben in uns. Bei Sympathien und Antipathien spielen, wie Gustav Jaeger experimentell nachgewiesen hat, feinste, nur vag erwitterbare Individualdüfte eine entscheidende Rolle. Sich nicht riechen können – diese Redensart ist durchaus nicht bildlich gemeint. Und andererseits weiß die Sexualwissenschaft, in wie hohem Maße auch in Dingen der Liebe die allerfeinsten Düfte lenkend und Schicksale auslösend am Werk sind. Der französische Dichter Charles Baudelaire sagt nichts Überschwengliches, wenn er die Verse findet:

»'s gibt Düfte, grün wie Au'n im Lenzesprangen,
süß wie Hoboen, frisch wie Kinderwangen,
und andere, verdorben, reich, durchdringend,
an Weite ähnlich der Unendlichkeit,
wie Ambra, Moschus, Benzoe, besingend
des Geistes und der Sinne Trunkenheit.«

Als die urzeitlichen Panzerfische, deren Ursinnessphäre noch durch Schädellöcher mit der Außenwelt in Verbindung stand, anderen Formen des höheren Wirbeltierlebens weichen mußten, traten im Zuge der Entwicklung die alten Organe immer weiter zurück, die Löcher im Schädel schlossen sich, und die eigentlichen Hirn-Sinnesorgane übernahmen die Vorherrschaft. Damit wurde die Art der Weltwahrnehmung eine andere, klarere, bewußte. Nicht mehr so uferlos und vag, aber auch nicht mehr so ahnungsvoll und beziehungsreich traten die Eindrücke ins Innere des Geschöpfes. Dacqué spricht der Ursinnessphäre Wahrnehmungen von »hellseherischer, also die Orts- oder Zeitenferne aufnehmender Qualität« zu. Das, was die tätigen Reste der Ursinnessphäre, die umgewandelt zu hormonbereitenden Drüsen in uns lebendig sind, lenken und erwirken, die Vorgänge des Wachstums und der Geschlechtlichkeit, sind ja noch immer Dinge, die ebenfalls jenseits der Hirnkontrolle geschehen. Auch gegenwärtig ist die verkümmerte Ursinnessphäre dem entelechischen Geschehen noch wesenhaft näher als unser hellbewußtes Hirn.

»Natursomnambul« nennt Dacqué die Art der durch die Ursinnessphäre herbeigeholten Wahrnehmungen; er weist die Tierpsychologen darauf hin, daß das rätselhafte Können fernwitternder Hunde, die Verhaltensweise mancher Insekten und vielerlei Unerklärliches, was es sonst noch im Tierleben gibt, dem Verständnis nähergerückt werden könnte durch Berücksichtigung der natursomnambulen Ursinneswahrnehmungen. Er hätte das Orientierungsvermögen der Brieftauben, das übrigens gestört wird, wenn sie in den Aktionsbereich von Kurzwellensendern geraten, und das Zueinanderfinden sozial lebender Raupen, das ohne Zuhilfenahme normaler Sinnesorgane geschieht, sowie die Vorgänge im experimentell nach Altersstadien getrennten Bienenstock hinzufügen können.

Wichtig ist, daß die Ursinnessphäre auch in uns Menschen der Gegenwart sich regt und erwachen will aus einem förmlichen Dornröschenschlaf. Jede Kunstbetätigung, vor allem die Dichtung mit ihrem prophetischen Charakter, erwächst ja nicht aus hirnlicher Bewußtheit, sondern aus durchaus natursomnambuler Intuition. Und was wir Ekstase nennen, ist ein Hinaustreten unseres unzerstörbaren Persönlichkeitskerns aus dem Intellekt, eine Heimkehr zur Ursinnessphäre. Auch hier, in Augenblicken des Rauschs, des Traums, der Entrückung, wird zunichte, was unser Hirn uns aufbaute seit Jahrmillionen. Statt dessen vollzieht sich das Wunder der mystischen Teilnahme am All, es rieselt über unser spätes Sein der metaphysische Schauder, den Goethe als der Menschheit bestes Teil bezeichnet, und winzig klein wird alles, was zuvor im Wachbewußtsein wertvoll war. Wir sind in anderer, neuartiger Weise erwacht, im Sinne des uralten Mysterienwortes: Erwach und träume!

Die Entdeckung der Ursinnessphäre und ihrer Bedeutung ist nur eins der wissenschaftlichen Ereignisse im Weltbild der modernen Biologie, die zu neuartigen und recht hintergründigen Einsichten gelangen lassen. Ein zweites solches Ereignis ist die Entdeckung einer merkwürdigen Organismenstrahlung durch den russischen Gelehrten Prof. Gurwitsch. Das Wachstum im Organismenreich ist an den Vorgang der Zellteilung gebunden. Zellteilungen finden ununterbrochen im lebenden Leibe statt. Bei den stets zum Wachstum und zum Vordringen ins Erdreich bereiten Wurzelspitzen der Pflanzen geschehen die Zellteilungen mit besonderer Energie, aber in einer für den Einzelfall durchaus errechenbaren Durchschnittsgeschwindigkeit und Anzahl. Gurwitsch konnte nun beobachten, daß die Wurzelspitzen einer gewöhnlichen Zwiebel wahre Sender für rätselhafte Strahlen darstellen, die in den Wurzelspitzen einer anderen Zwiebel eine erstaunliche Vermehrung der dort vor sich gehenden Zellteilungen zu verursachen imstande sind. Es sind kurzwellige Ultraviolettstrahlen, die Bergkristall geradlinig durchdringen und von Gurwitsch nach langwierigen Experimenten, die jegliche

Täuschungsmöglichkeit ausschlossen, wegen ihrer Fähigkeit, Zellteilungen oder Mitosen, wie der wissenschaftliche Name lautet, zu erzeugen, mitogenetische Strahlen genannt wurden. Der deutsche Zoologe Prof. Stempell in Münster arbeitete ein Verfahren zur Messung und Sichtbarmachung der Effekte, die durch jene Organismenstrahlung hervorgerufen werden, aus. Organismenstrahlung ist ein besseres Wort als mitogenetische Strahlung, denn die Strahlen regen nicht nur die Zellteilung stark an, sondern stehen auch in Beziehung zu Vorgängen der Fermentbildung und somit in letzter Linie der Nervenerregung. Fermente gehören zu den Stoffen, die bei ihrem Vorhandensein den Eintritt und Ablauf körperwichtiger, chemischer Reaktionen vermitteln und fördern, ohne dadurch in ihrem eigenen Bestande angegriffen oder verändert zu werden. Der rhythmische Verlauf nervöser Erregungsvorgänge spricht dafür, daß diese aus einer Aufeinanderfolge von fermentbedingten und von durch Organismenstrahlung verursachten Geschehnissen des Zellinnern bestehen.

Stempell benützt, um die Wirkung der Organismenstrahlung zu zeigen, die nicht bloß von den Wurzelspitzen der Zwiebel, sondern von allen nur denkbaren Organismen- oder auch nur Organbreien ausgeht, die Liesegangschen Ringe. Das sind Gebilde, die auf feuchten Chromsilbergelatine-Platten entstehen, wenn ein Tropfen Höllensteinlösung darauf fällt. Das sich niederschlagende Chromsilber gruppiert sich dann in vielen, durch winzige Zwischenräume getrennten Ringen um die Aufprallstelle des Tropfens. Wirkt während dieses Ringbildungsprozesses ein Stückchen zerdrückter Pflanzen- oder Tierkörper durch den Spalt einer Glas- oder Metallplatte auf das Geschehen in der feuchten Chromsilbergelatine ein, so wird von den entsandten Organismenstrahlen her die Ringbildung gestört.

Durch dieses exakte und meßbare Verfahren ist die Existenz der Organismenstrahlung eindeutig nachgewiesen, zumal der Gelehrte Rajewsky auch noch eine photoelektrische Methode ausgearbeitet hat, die gleichfalls eine Beobachtung der Strahlen und ihre quantitative Messung ermöglicht.

Vergessen wir nicht, daß es sich bei den von Gurwitsch entdeckten Strahlungsvorgängen um eine Fernstrahlung handelt, also um eine Wirksamkeit, die über den Organismus hinausreicht. Nun stehen der wissenschaftlichen Rechtfertigung des sogenannten Heilmagnetismus und anderer, als abergläubischer Natur angesehener Vorgänge plötzlich die Tore offen. Pflanze und Tier haben auch im Rahmen der wissenschaftlich-nüchternen Betrachtungsweise ihre Dämonie zurückgewonnen. Die fast unwägbaren Werte ihres Seins werden über Nacht wichtig, auch für die Praxis. Denn die Erforschung der Organismenstrahlung hat unter anderem zu der Beobachtung geführt, daß beim Krebsleiden ein Fehlen dieser Strahlung festzustellen ist, und zwar bereits in einem Frühstadium der Erkrankung, in dem alle anderen Mittel der Diagnose den Arzt noch im Stich lassen.

Das wären wieder Gedanken, die ins Laboratorium gehören, und dennoch bin ich zu ihnen auf dem Umwege über die Laboratoriumsmüdigkeit gelangt. Der chinesische Drachen auf dem Aschbecher ist schuld daran, daß ich, der ich genau so wenig aus meiner Haut heraus kann wie jedes andere Wesen, nun doch nicht imstande bin, den Fachzoologen zu verleugnen, der in mir lebendig ist. Aber mit der Hinwendung zum Krebsproblem schließt sich der Ring: Vom Eratmen des Lebens mit der Überfülle seiner Dämonie mußte ich durch Gedanken- und Forschungsbahnen sachlicher Wissenschaft dringen, um dort zu münden, wo diese sachliche Wissenschaft wiederum im Dienste des Lebens selber steht, am Krankenbett, hinter dessen leidvoller Wirklichkeit ein Ziel leuchtet, das Grundlage jedes vollwertigen Daseins bedeutet: Gesundheit.

Gesundheit, das ist wiederum Domäne der Entelechie. Entelechie aber hat nichts zu tun mit den Dingen dieser Welt, sie schwebt darüber, sie ist – vom nur Irdischen her gesehen – Spuk. Wir selbst, wir alle, in denen sich Leben regt, gehören in unserem tiefsten Wesenskern zu jener Walpurgisnacht, die vorhin aus dem Blut der gefangenen Tiere aufbrach mit der Stimmgewalt des Abgrunds.

Durch ein Traumland von beziehungsreicher, aber immer nur ahnend erfaßbarer Herrlichkeit wandere ich nach Hause.

In meinen Halbschlaf hinein beginnt drunten vom Hof her eine Amsel zu flöten. Mir ist, als wäre ihr verspielt umhersuchendes Formulieren unsagbarer Amselgeheimnisse in meiner Brust daheim. Dort drinnen, im innersten Herzen, tönt das frühe Amsellied. Dort drinnen – ich weiß es jetzt ganz genau – dort drinnen und nirgendwo anders.

Die Angst der Kreatur

An einem warmen Frühlingsvormittag durchwandere ich mit meinem Freund den märkischen Wald, um nachzuschauen, wie weit das Erwachen der Natur gediehen ist. Singvögel sind längst in den Kiefernzweigen lebendig, Käfer und Fliegen hocken auf den Holzstößen am Weg, weit hinten in den Sumpfwiesen stehen pastellfarben die Fischreiher. Da gleitet über die heiße, staubige Chaussee, die das Licht der Mittagssonne grell in unsere Augen strahlen läßt, eine Ringelnatter. Wir treten auf sie zu, nicht als wichtigtuerische Schlangenmörder, die, vom Kreuzotterwahn befallen, jede Blindschleiche und Ringelnatter erschlagen und dieser heroischen Tat auch noch froh sind, sondern als ehrliche Freunde des Reptils, das mit den gelben Mondflecken hinter dem Kopf uns beiden nicht minder schön erscheint als alles andere Leben, das der Lenz um uns her breitet.

Allzu schnell will das ängstliche Tier in den Wald hineinfliehen, und da der lange Winter uns so wenig Berührung mit der Natur und ihren Kindern gönnte, wollen wir es aufhalten, um ein wenig länger diesen Anblick geschmeidigen Schlangengleitens besitzen zu dürfen. Wir rühren die Natter mit dem Spazierstock an. Das soll bedeuten, sie möge bei uns bleiben für ein paar Minuten. Sie jedoch deutet den Stock, der vor ihren Augen auftaucht, anders. Und nun geschieht etwas, was ich bisher nirgends gesehen habe: Die Schlange gerät in einen wirren Wahnsinn des Tanzens und Sichdurcheinanderschlingens, sie knäult sich zusammen, verknotet ihren langen Leib in abenteuerlichster Weise und läßt das ganze immer wilder sich zusammenballende Gebilde auf dem Sand umherwirbeln wie in einem epileptischen Anfall. Ebenso plötzlich erstarrt das Knäuel, aus all der Durcheinandergeschlungenheit ragt nur der Kopf hervor, mit der Unterseite gen Himmel, und das Maul ist aufgesperrt wie im Krampf.

Mein Freund sieht nach der Uhr. Wir wollen warten, bis die Ringelnatter aus ihrer Angst erwacht und weitergleitet. Als sieben Minuten vergangen sind und das Tier sich noch immer nicht rührt, verlieren wir die Geduld und versuchen es mit unserem Spazierstock aufzurollen. Das gelingt nicht, denn der Schlangenleib ist steif und schnellt in seine alte Lage zurück, sobald der Stock an seinen ein wenig auseinandergebogenen Windungen abgleitet. Also schieben wir den Stock durch eine dieser Windungen hindurch und führen das darüberhängende Tier mit uns. Noch immer bleibt es steif und verschlungen. Schließlich geben wir nach und legen es in ein Farndickicht, wo es sicher nach geraumer Zeit merken wird, daß keinerlei Gefahr mehr droht. Dann wird es seinen Weg fortsetzen, bis es einem Taufrosch begegnet, der, vom Rachen der Ringelnatter gepackt, nun seinerseits die Angst der Kreatur ausstehen muß, die für ihn allerdings weniger glimpflich endet als für die Schlange, der keine Feinde, sondern Freunde begegnet sind. Die Ringelnatter schiebt sich über den lebenden Frosch hinweg, ähnlich wie wir einen Strumpf anziehen. Ist die Beute durch ihr enorm erweiterungsfähiges Maul hindurchgeglitten, wird sie bei lebendigem Leibe verdaut. Frösche haben ein zähes Leben. Niemand kann sagen, daß die Angst der Kreatur einer Begründung entbehrt.

Wir Menschen sind gewöhnt, daß alle Tiere, die uns wahrnehmen, die Flucht ergreifen. Wir halten das für ein angeborenes Mißtrauen. Aber mit dieser Deutung irren wir. Der Grund für das Flüchten der Tiere ist in Wahrheit – Menschenkenntnis. Auf einsamen Eilanden, die nie ein Mensch betrat, sind selbst die scheuesten Vögel von einer unfaßlichen Zutraulichkeit, sobald ein Mensch dorthin verschlagen wird. Sie trinken Wasser aus seiner Hand. Auf den Schildkröteninseln ließen sich Falken von Charles Darwin mit der Flinte berühren und fortstoßen vom Platz, auf dem sie im Gezweig der Bäume saßen.

Angeboren ist die Angst den Tieren also nicht. Prof. Bastian Schmid hat sich als Tierpsychologe mit dem Kapitel Angst sehr ausführlich beschäftigt und durch Versuche klar bewiesen, daß jede Angst erst erworben wird, allerdings im Freilandleben der Tiere schon außerordentlich früh. Die Eltern, insbesondere die Mutter, bringen dem jungen Tier regelrecht das Fürchten bei. Mit Recht. Denn vom Wachsein des Mißtrauens und von der allzeitigen Fluchtbereitschaft hängt ja das

Lebensschicksal des Tierkindes weitgehend ab. Prof. Schmid stellte Versuche mit künstlich ausgebrüteten Küken des Haushuhns an, die er auf den Rücken einer Ringelnatter setzte. Im Volk ist die Meinung weitverbreitet, es gäbe bei Mensch und Tier eine angeborene, instinktive Scheu vor Schlangen. Die Brutofen-Küken jedoch wußten von dieser Scheu nicht das mindeste, sie hielten sich auf dem Rücken der dahingleitenden Natter fest, zeigten keine Spur von Furcht und gaben nur acht, daß sie nicht das Gleichgewicht verloren.

Ganz anders verhalten sich hingegen Küken, die von der Glucke erbrütet wurden. Hier stößt die Mutter bereits einen Warnruf aus, wenn auch nur ein Regenwurm, also eine willkommene Nahrung, vor den Kindern liegt und sich krümmt. Sie übt mit den Küken das Angsthaben. Auf Warnungsrufe hin müssen die zarten Vögelchen unter das Gefieder der Alten schlüpfen, was sie bald gelernt haben, und im Ernstfall, wenn der Habicht über dem Hühnerhof schwebt, mit Erfolg anzuwenden wissen.

Bei dieser Gelegenheit soll betont werden, daß es grundverkehrt ist, sich die mütterliche Besorgnis des Huhnes ähnlich vorzustellen wie diejenige einer Menschenmutter. Im Erbgedächtnis des Huhnes sind eine Anzahl Bahnungen festgefahren, und über diese hinaus versagt die Mutterliebe. Prof. von Üxküll berichtet ein groteskes Beispiel dafür: Bindet man hinter einer Holzwand ein Küken am Bein fest, so daß die Glucke es nicht sehen kann, aber kläglich piepen hört, ruft das Klagegeschrei ihre mütterliche Besorgnis wach, sie eilt herzu, findet schließlich das Küken hinter der Holzwand und führt einen Kampf mit einem eingebildeten Widersacher aus. Nimmt man nun ein zweites Küken und setzt es unter eine schwere, gläserne Käseglocke, so daß das Piepen des Tierchens durch die Glaswände nicht bis zum Ohr der Glucke dringen kann, sieht sie zwar ihr freiheitsberaubtes und geängstigtes Kind, aber kümmert sich nicht darum, weil sie gewöhnt ist, dessen Gefährdung mit dem Ohr und nicht mit dem Auge wahrzunehmen.

Vom menschlichen Standpunkt her noch belustigender nimmt sich die Verhaltensweise einer Entenmutter aus, wenn deren Küken in ein kleines, tiefes Erdloch fällt, aus dem es sich selbst nicht zu befreien vermag. Die Ente watschelt mit ihren übrigen Küken weiter und bemerkt das aus ihrem Gesichtsfeld entrückte Kind zunächst nicht als fehlend, bis dieses zu jammern beginnt. Nun macht die Mutter kehrt und folgt der Richtung des Klagelautes. Im selben Augenblick, in dem sie am Rande der Fallgrube, die ihr abhanden gekommenes Küken birgt, auftaucht, hört dieses auf zu jammern. Da es nicht mehr jammert, fällt für die Entenmutter jeglicher Ansporn zu weiterer Hilfeleistung fort und sie geht weiter, als ob nichts geschehen wäre. Kaum ist sie aus dem Gesichtskreis des Kükens verschwunden, stimmt dieses abermals seine Klage an. Nun wiederholt sich das gleiche Spiel bis zum Überdruß. Zu guter Letzt kommt der Bauer und hebt das Entchen aus seinem Gefängnis heraus, womit das Happyend herbeigeführt ist.

Für Vögel sind nur diejenigen nackten Jungen, die im Nest sitzen, als solche anerkannt. Noch so hungrige Schnäbel, die über den Nestrand hinausgerutschte Jungvögel aufsperren, bleiben unberücksichtigt, ja gelten sogar als bedrohlich, weshalb in solchen Fällen die Eltern oft ihre eigenen Kinder hinabwerfen ins Verderben. Das kommt insbesondere vor, wenn der Kuckuck sein Ei in fremde Nester gelegt hat und nun das Wechselbalg-Junge die legitimen Kinder der unfreiwilligen Pflegeeltern hinausdrängt.

Ungeachtet ihrer Beschränktheit bringt also die Glucke den Küken das Fürchten und die zweckmäßige Reaktion auf das Furchtgefühl bei. So ist es durchweg im Tierreich üblich, wo Anlaß zur Furcht gegeben ist. Das ist fast überall der Fall, denn friedlich geht es auf dieser Welt nicht zu. Und aus diesem Grunde ist die Angst der Kreatur eine Erscheinung, die im gesamten Tierleben beobachtet werden kann. Eine mächtige, aber keine angeborene Seelenregung ist die Angst, und vollends überwinden kann sie sicher nur der Mensch.

Auch bei ihm ist sie Wesensbestandteil dessen, was an ihm noch tierhaft und triebgebunden ist. Aber er vermag sie zu mißachten im Dienste höherer Werte, deren Erfüllung sie im Wege steht. Es ist keine Schande, Angst zu haben, wie es kein Verdienst ist, aus Mangel an Vorstellungsvermögen blindlings mutig zu sein. Der wahre Mut besteht gerade darin, trotz vorhandener Angst sich so zu verhalten, als wäre sie nicht vorhanden. Wer ist der echte Held, derjenige, der den lauernden Tod überhaupt nicht sieht und deshalb von ihm nicht geschreckt wird – oder derjenige, der ungeachtet des Schnitters mit der erhobenen Sense den geraden Weg verfolgt, der zur Tat oder zur Vernichtung führt?

Mit den ersten Regungen einer Bewußtwerdung, die ja das deutlich angestrebte Entwicklungsziel des Lebens ist, steigert sich auch die Leidensfähigkeit der Wesen. Mit ihr wächst die Angst. Krankheit und Tod drohen von überall her, ja sogar Geisteskrankheiten können den Vogel und das Säugetier befallen. Das ist allzu wenig bekannt. Ein Spezialforscher auf diesem Gebiet, der fünffach promovierte Dr. W. Hammer, hat eine materialreiche Geschichte der Tierirrenheilkunde geschrieben, aus der ersichtlich ist, daß melancholische Pferde, epileptische Ziegen, tollwütige Gänse, mutterwahnsinnige Rinder, homosexuelle Kanarienvögel und andere Tierpsychopathen dem Arzt, auch dem menschlichen Irrenarzt, Aufgaben von großer Wichtigkeit stellen. Der Tierpsychiater muß exakt arbeiten, die berüchtigten Fragebogen zur Ermittlung menschlicher Geisteskrankheiten gibt es für ihn nicht. Dafür verfügt er über Beobachtungs- und Erfahrungsmöglichkeiten, die dem Irrenarzt für Menschen niemals zur Verfügung stehen und der leichter bereit ist, Mißgriffe wie den Entmündigungsantrag gegen den Grafen Zeppelin zu wiederholen. Vor allem liegt der hohe Wert vergleichender Tier- und Menschenpsychiatrie darin, daß dieser von jener ganz neue Wege der praktischen Heilkunst gewiesen werden. Unfallneurosen bei Pferden, die einen elektrischen Schlag erlitten, beweisen dem allzu skeptischen Irrenarzt, daß es nicht immer nur Rentenhysterie ist, die zu den Erscheinungen der Unfallneurose führt, welche dem Pferde ja keine Rente, sondern in der Regel zunächst Prügel einträgt. Gebärlähmung der Rinder und die Eisenbahnkrankheit der Schweine und Ziegen, die der menschlichen Seekrankheit ähnelt, sind durch Luftaufpumpung der Euter beziehungsweise Brustdrüsen heilbar. Eine seltsame Erfahrungstatsache, die der menschlichen Heilkunst zugute kommen könnte.

Tobsüchtige Schweine und kotfressende Wiederkäuer erweisen sich oft als lediglich kochsalzvergiftet und sind durch Diätumstellung leicht zu heilen. Auch hier liegt ein Angriffspunkt für Menschenheilkunst. Die weitgehende Heilbarkeit kranker Pferde durch genau angepaßte Hufeisen weist auf die hohe gesundheitliche Wichtigkeit menschlichen Maßschuhwerks hin – was jedoch kein Anlaß ist, Rechnungen für neue Schuhe der Krankenkasse zu präsentieren.

Natürlich spielen Geisteskrankheiten im Rahmen der mannigfachen Leiden, die dem Tier zuteil werden können, eine verhältnismäßig kleine

Rolle. Meist leidet die Kreatur am Leibe. In vorgeschrittenen Stadien greift das leibliche Leiden allerdings häufig auf hirnbedingte Funktionen über, wofür die Drehkrankheit der Schafe, früher schlicht Dämlichkeit genannt, ein gutes Beispiel ist. Sie wird erzeugt durch die Finnen eines Hundebandwurms, die, aus Bandwurmeiern hervorgegangen und mit aufgenommener Nahrung in den Körper des Schafs geraten, sich dort im Gehirn festsetzen und große Blasen bilden. Die Schafe, die solche Finnen im Gehirn tragen, drehen sich und taumeln, bis der Tod sein Amt als Arzt, der jedes Leiden heilt, antritt.

Noch an einer anderen Krankheit haben Schafe häufig zu leiden und erfahren ihretwegen alle Schauer der Angst. Es ist die Leberfäule, erzeugt durch einen Saugwurm, der, mit Mund- und Bauchsaugnapf bewehrt, die Leber der Schafe zerfrißt und sie so auf langwierige und qualvolle Weise ans andere Ufer drängt. Dieser Saugwurm durchschreitet bei seinem Entwicklungsweg vom Ei zum fertigen Parasiten eine Reihe verschiedener Existenzformen mit dazwischengeschalteten ungeschlechtlichen Fortpflanzungsvorgängen. Dergleichen kommt im Tierreich, insbesondere bei Parasiten, die im Körperinnern anderer Tiere schmarotzen, des öfteren vor. Man hat dafür das Wort »Generationswechsel« geprägt. Es ist bemerkenswert, daß der Entdecker des Generationswechsels der Dichter Adalbert von Chamisso war, der dieses Phänomen vor mehr als hundert Jahren anläßlich seiner Weltumseglung an gefangenen Salpen, durchsichtigen Tönnchen, die im Wasser der Hochsee umherschwimmen, beobachten konnte.

Leberegel legen in der Schafleber ihre Eier ab, die nun in den Darm des Wirtstieres und durch diesen ins Freie gelangen. Alle Eier, die nicht auf feuchte Wiesen und schließlich ins Wasser geraten, gehen unweigerlich zugrunde, weshalb der Leberegel genau wie die übrigen Innenschmarotzer Eier in unvorstellbarer Menge produzieren muß. Ist aber die Bedingung genügender Feuchtigkeit und nahen Gewässers erfüllt, so springt der Deckel des Eis auf und aus dem Innern schlüpft eine winzige, über den ganzen Körper hinweg bewimperte Larve, die mit ihrem wissenschaftlichen Namen Miracidium heißt. Bisher glaubte man, daß ein solches Miracidium, um weiter gedeihen zu können, in die Atemhöhle einer kleinen Schneckenart, die deshalb Leberegelschnecke heißt, eindringen müsse. Inzwischen ist durch Untersuchungen des

Zoologen Reichmuth festgestellt worden, daß es in Deutschland mindestens zwei Schneckenarten gibt, die für das Miracidium den Zwischenwirt abgeben. Ist nun die Larve ins Innere einer dieser Schneckenarten gelangt, wächst sie zu einem langen, darmlosen Keimschlauch heran, der über muskulöse Wandungen verfügt und in seinem Innern auf ungeschlechtlichem Wege neue Keimschläuche erzeugt, die wiederum anders organisiert sind, diesmal einen Darm besitzen und außerdem eine Geburtsöffnung aufweisen. Sind diese Wesen, die nach dem italienischen Biologen Redi den Namen Redien führen, groß genug, so sprengen sie den mütterlichen Körper, in dem sie heranwuchsen, und kriechen in die Leber der Schnecke. Auch im Innern der Redien geht ein ungeschlechtlicher Fortpflanzungsvorgang vonstatten, dessen Ergebnisse wiederum Redien zweiter Generation sind, für die der Mutterkörper seine Geburtsöffnung besitzt und die auf diesem Wege ins Freie finden, um gleichfalls das Schneckeninnere zu bevölkern. Jetzt aber schlägt bald für die Leberegelschnecke die Befreiungsstunde, denn auch die zweite Rediengeneration pflanzt sich fort, wiederum ungeschlechtlich, nur daß ihre Nachkommen keine Redien mehr sind, sondern kleine Leberegel, die ein Ruderschwänzchen besitzen und schleunigst den bergenden Leib der Schnecke verlassen, um im Wasser umherzuschwimmen wie winzige Kaulquappen. Eines Tages verkapseln sich diese Cercarien genannten Schwimmtierchen an einer Pflanze, die ihnen von ihrem feuchten Element her zugänglich ist, indem sie ihren Ruderschwanz abwerfen und sich mit einer Hülle umgeben, um den wasserhaltigen Wurmkörper vor Austrocknung zu schützen. Auch jetzt ist ihr weiteres Schicksal wieder ungewiß, denn wenn nicht ein Schaf kommt und die Pflanze, an der die verkapselte Cercarie haftet, auffrißt, geht der junge Leberegel nach seinem Umweg durch so viel Masken unweigerlich zugrunde. Wehe dem Schaf aber, das ihm zur Verwirklichung seines Sinns verhilft. Er wandert in die Leber des endgültigen Wirtes ein und bringt als Gastgeschenke Angst, Krankheit und Tod mit.

Wie ungewiß auch das Schicksal der Nachkommenschaft bei den meisten Parasiten sein mag, sie machen die darin liegende Gefährdung ihres Artbestandes durch die Tatsache wett, daß die Zahl der Eier und jungen Individuen keine Rolle spielt, so unendlich viele gibt es. Das ist überhaupt eine bewährte Methode im niederen Tierreich. Weiter oben auf der Stufenleiter der Entwicklung wird das anders, das Einzelwesen gewinnt immer höheren Wert, bis es beim Menschen zum höchsten denkbaren Wert, dem der Unersetzlichkeit, emporgestiegen ist. Zu behaupten, der Natur käme es auf Individuen nicht an, ist ungerechtfertigt. Auf Miracidien, Redien und Cercarien kommt es ihr gewiß nicht an, da leistet sie Arbeit am laufenden Band, da muß es die Masse machen – jedoch man versuche einer Löwin eins der Jungen zu rauben, und schon sieht die angebliche Großzügigkeit der Natur beim Verspielen ihrer Kinder ganz anders aus. Denken wir gar an Friedrich den Großen, an Goethe oder andere, weltwandelnde Einzelne, so erkennen wir deutlich, daß mit höherer Bewußtwerdung auch in anderer Hinsicht die Spitzenleistung Ziel des Schöpfungsschoßes war und blieb.

Alle Übergänge, von der bloßen Freifahrt, dem Mitgeschlepptwerdenwollen, bis zu den furchtbarsten Verheerungen innenparasitischer Tätigkeit, kommen im Tierreich vor. Ein Fisch, der Schiffshalter, saugt sich mit einer Haftplatte auf seiner Oberseite an größeren Meerestieren und an Schiffen fest, um so die Muskelanstrengung eigenen Schwimmens einzusparen. Die gelben Läuse an der stahlblauen Unterseite der Mistkäfer, die über unsere Waldwege humpeln, wollen auch nur Schwarzfahrer sein. Anders steht es schon mit den Federlingen, kleinen, wachsfarbenen Insekten, die sich durch Besitz kauender Mundteile von den ihnen sonst ähnlichen Läusen, die stechende und saugende Mundwerkzeuge besitzen, unterscheiden. Die Federlinge leben zwischen Vogelfedern und benagen deren feine Horngebilde. Von hier aus ist es nur noch ein Schritt zum echten Außenparasitismus, wie er etwa ausgeübt wird durch flügellose Fliegen, die auf Fledermäusen leben und deren Blut saugen. Diese Geschöpfe haben noch eine weitere Eigentümlichkeit: Sie legen keine Eier, wie es sonst bei Insekten üblich ist, sondern lassen die Eier und sogar die Larven im Innern des mütterlichen Körpers ihre Entwicklung durchmachen, um derart weit fortgeschrittene Larven zur Welt zu bringen, daß diese sich sofort verpuppen und den Anschein erwecken, als seien sie direkt in Form fertiger Puppen geboren worden. Immer wieder werden von gewissen Außenseitern in der Tierwelt die alten Regeln mißachtet. Fliegen ohne Flügel sind schon verwunderlich, aber Ei- und Larvenentwicklung im Mutterkörper und Geborenwerden als Puppe, das ist bei Insekten wahrhaftig ein Kuriosum.

So wie die Fledermausfliegen ihr für die Fliegensippe so charakteristisches Fortbewegungsorgan, das Flügelpaar, abgeschafft haben, sind fast sämtliche Parasiten, die dauernd auf oder gar in Wirtstieren leben, Opfer weitestgehender Rückbildungsvorgänge. Opfer insofern, weil im Organismenreich jede Rückbildung ein Verlust ist, der nicht mehr aufzuholen ist. Ein Tier, das bestimmte Organe abschaffte, bekommt diese nie zurück. Es befindet sich nunmehr in einer Sackgasse der Entwicklung. Seine Universalität hat es eingebüßt um vorteilhafter Spezialanpassungen willen. Das lohnt sich im Augenblick, aber es verbaut den Weg in eine stammesgeschichtliche Zukunft mit hohen Zielen. Die so naheliegende Erkenntnis, daß Verlorenes im Leben der Art nicht zurückerworben werden kann, ist noch heute vielen Naturforschern fremd. Sie wurde an Hand umfangreichen Beweismaterials aus der Vorwelt des Lebens erstmalig klassisch formuliert von dem belgischen Paläontologen Dollo und gehört heute als nach ihm benanntes Dollosches Gesetz von der Nichtumkehrbarkeit der Entwicklung zu den Fundamenten der theoretischen Biologie. Unser angeblicher Ahne, der Menschenaffe, hat um der Spezialisierung auf das Baumleben willen seinen Daumen rückgebildet. Er ist in der Entwicklung steckengeblieben. Der Mensch hat die ursprüngliche Hand mit fünf wohlausgebildeten Fingern, wie wir sie schon vom Molch her kennen, bewahrt, hat auf die Verlockungen des bequemen Spezialistentums verzichtet und konnte durch Aufrichtung seiner Wirbelsäule das Universalinstrument freibekommen, wodurch sein Hirn vor neue Aufgaben gestellt war. Es kann nichts schaden, wenn Menschen der Gegenwart ihr Wissen um das Weltgesetz von der Nichtumkehrbarkeit der Entwicklung hinübernehmen aus theoretisch-biologischen Bereichen in die Lebenspraxis des Alltags. Sie werden gut damit fahren.

Auch unter den Asseln, allerdings nicht den Land-, sondern den Meeresasseln, finden sich Parasiten, die bereit waren, ihre Bewegungs- und Sinnesorgane in immer weiter fortschreitender Rückbildung zu opfern. Prof. C. Zimmer hat diesen Prozeß sehr anschaulich demonstriert an drei Formen, die den Übergang klar zeigen. Unter Vertretern der Meeresasselfamilie der Cymothoiden finden sich gut und schnell schwimmende Arten (Cirolana), die sich mittels sieben borstiger Beinpaare im Wasser fortbewegen und ihre Beute durch die feine Wahrnehmungsfähigkeit der Kopffühler erspüren. Nah verwandte Arten (Aega) haben sich bereits das Leben bequemer gemacht und schmarotzen, jedoch nur als zeitweilige Nutznießer fremden Eigentums: Sie saugen sich an Fischen fest und lassen sich nach erfolgter Sättigung wieder fallen, um am Boden die aufgenommene Blutmenge zu verdauen und dann neuen Wirten nachzujagen. Nur noch die letzten vier Fußpaare sind bei ihnen als Schwimmfüße erhalten geblieben. Die drei ersten hingegen tragen Krallen, um das Festhalten am dahinschießenden Fisch zu gewährleisten – es sind Klammerfüße, deren Beborstung sich erheblich gelichtet hat. Dieselbe Familie enthält nun aber noch andere Arten (Cymothoa), deren Parasitismus ein dauernder geworden ist und die deshalb gar keine Schwimmfüße, sondern nur noch Klammerorgane aufweisen, die das Tier lebenslänglich am Wirtskörper festheften. Hier sind auch die Fühler, die bei den zeitweiligen Parasiten bereits verkümmerten, zu winzigen Resten eingeschrumpft. Durch parasitische Lebensweise büßt das Tier also seine Vielseitigkeit ein, es gibt sein kostbarstes Gut dahin, um mühelos leben zu können. Ein solches Leben sinkt jedoch zurück in die dumpfen Zonen des Vegetierens.

Die puppengebärenden Fliegen hüten sich, ihren Wirt zu töten. Andere Fliegen jedoch brauchen nicht so sparsam mit dem Leben des Wirtstiers umzugehen, weil nicht das Vollinsekt, sondern nur die Brut parasitisch lebt. Bis die Larven bereit sind, ins Puppenstadium überzutreten, kann der Wirt getrost zugrundegehen.

Diese Fliegen – es fällt schwer, sich vorzustellen, daß dies alles im Dienste der Mutterliebe geschieht! – legen ihre Eier in die Nasenhöhle der schwerfällig daherhüpfenden Erdkröten. Die ausschlüpfenden Maden beginnen nun, das Naseninnere der Kröte zu zerfressen. Alle Froschlurche haben ein sehr zähes Leben, also verträgt die Kröte den Madenfraß, der immer weiter in den Schädel hinein vordringt, ziemlich lange, bis auch Gehirnpartien zerstört sind und das Tier, das inzwischen alle Angst der Kreatur durchlitten hat, qualvoll zugrundegehen muß. Inzwischen ist aber der Zeitpunkt herbeigekommen, zu dem die Maden ins Puppenstadium hinübertreten. Es macht also für sie gar nichts mehr aus, ob der Wirt noch weiter lebt oder nicht.

Der Übergang vom Außen- zum Innenparasitismus ist hier gegeben. In Fällen, wo der Innenparasitismus nicht nur für ein Larvenleben, sondern für die gesamte Existenz des Tieres gilt, gehen die Rückbildungserscheinungen unausdenkbar weit. Bandwürmer, die im Darm der Wirbeltiere leben, haben selbst keinen Darm mehr. Sie leben ja in bereits verdautem Darminhalt, wozu sollten sie doppelte Arbeit leisten! Nach echter Parasitenmanier nehmen sie das Ergebnis der Verdauungsarbeit ihres Wirtes einfach hin, indem sie mit ihrer ganzen Körperoberfläche den wohlvorbereiteten Speisebrei in ihren eigenen Stoffwechsel übernehmen.

Auch unter Bandwürmern gibt es die Erscheinung des Generationswechsels im Dienste der Arterhaltung, wobei die Angst der Kreatur, die jeder Parasit in seinem Wirtstier erzeugt, noch einem zweiten, einem Zwischenwirt als Gastgeschenk dargebracht wird. Hunde stellen Wirtstiere für die verschiedensten Bandwurmarten dar. Auch der Gurkenbandwurm gehört dazu. Wie viele andere Bandwürmer läßt er einzelne Glieder seines Körpers abfallen vom Zusammenhang des gesamten Leibes, und diese Glieder, mit Eiern angefüllt, kriechen aus dem After des Hundes ins Freie. Das geschieht besonders häufig, während der Hund schläft. An der Schlafstätte der Hunde wimmelt es nun von anderen, in der Regel Außenparasiten, darunter befindet sich das madenhafte Larvenvolk der Hundeflöhe. Die Flohlarven fressen an allem möglichen Unrat herum, so auch an den Bandwurmgliedern, deren Eier nun in die Flohlarve gelangen und dort, während aus der Larve ein Hundefloh wird, sich zu einer Finne entwickeln. Der Hund, auf dem die Flöhe schmarotzen, beißt nach den juckenden Stellen, fängt hier und da einen der Parasiten, verschluckt ihn und führt sich auf diesem Wege den Gurkenbandwurm abermals zu.

Es ist also eine ganze Kette von – allerdings naheliegenden – Zufällen vonnöten, um dem Bandwurm die Fortexistenz zu gewährleisten. Flohlarven müssen seine Eier fressen, der Hund muß die aus diesen bandwurminfizierten Larven hervorgegangenen Flöhe fangen und verschlukken, dann erst schließt sich der Ring und die Arterhaltung des Gurkenbandwurms ist gesichert. Da das nur in einer Minderzahl aller Fälle Ereignis wird, muß der Bandwurm Eier zu Hunderttausenden und Aberhunderttausenden produzieren, was er wie nahezu sämtliche Innenparasiten auch tut. Selbst Außenparasiten bedürfen bereits einer größeren Eierzahl als ihre nicht parasitisch lebenden Verwandten. Unsere Kellerassel kann sich mit je 35 Eiern für den einzelnen Fortpflanzungsakt begnügen, die außenparasitische Meeresassel Cymothoa, von deren Rückbildungserscheinungen wir erfuhren, muß hingegen zum selben Zweck 2500 Eier hergeben.

Groteske Formen nimmt die uferlose Eierproduktion bei einem winzigen Fadenwurm an, der in Hummeln schmarotzt. Die Eier und jungen Larven, die ein solches Hummelälchen in sich birgt, drängen aus dessen viel zu kleinem Leibe einen Sack heraus, der immer mehr anschwillt und zu guter Letzt zwanzigtausendmal so groß ist wie das eigentliche Tier, das nun nur noch als kaum sichtbares Anhängsel an seiner eigenen Eier- und Larvenproduktion, die im vorgestülpten Bruchsack liegt, wahrzunehmen ist.

Sind die Zerstörungen durch Parasiten wegen ihres qualvoll langsamen Fortschreitens auch fraglos das grausamste Leid, das den davon befallenen Geschöpfen zuteil werden kann, so beschattet dennoch auf manch andere, ebenfalls schrecknis- und todbringende Weise die Angst das Reich des Lebendigen.

Der Marder, der das Eichhörnchen durch die Wipfel jagt, der Raubvogel, der die Krähe verfolgt, aber auch das Dunkel, das den eingesperrten Affen im Käfig des Tierhändlers der furchterregenden Einsamkeit überantwortet – sie alle illustrieren den Abschnitt im Buche des Lebens, der von Heulen und Zähneklappern handelt.

Im märkischen Sande, unter Kiefern am Waldweg, befinden sich kleine, haargenau abgezirkelte Trichter. Sie sind gebaut worden von der Larve der Ameisenjungfer, eines libellenartig aussehenden Netzflüglers. Die Larve trägt den Namen Ameisenlöwe, weil ihre Trichterbauten Fallen darstellen, an deren Grunde, in den Sand eingegraben, ein Mörder auf Ameisen wartet, die dem oberen Trichterrande zu nahe kommen. Geschieht das, so schleudert das im Sand versteckte Tier einen wahren Schrotschuß Sandkörner auf die von ihm wahrgenommene Ameise los. Sehen kann der Ameisenlöwe seine Beute nicht, aber ein einziges Sandkörnchen, das auf der schiefen Ebene des Trichters hinabrollt zu dessen Grunde, kündigt ihm das nahe Vorüberwandern eines Opfers an. Nun folgt ein Bombardement hochgeschleuderten Sandes dem andern. Die Ameise wehrt sich zappelnd gegen den Sandhagel, dessen Niedergang nicht nur eine Verwirrung ihres Weges bedeutet, sondern ihr auch den Boden unter den Füßen lockert, da der hochgeworfene Sand beim

Hineinrollen in den Trichter dessen Wände ins Gleiten bringt nach Art eines Bergrutsches. Fast immer wird dem Beutetier buchstäblich der Boden unter den Füßen fortgezogen, es rutscht mit den niedergleitenden Sandmassen in den Trichter hinein und wird dort vom Ameisenlöwen ergriffen.

Auch der Ameisenlöwe verdaut seine Beute, genau wie die Larve des Gelbrandkäfers, außerhalb seines Magen-Darmkanals. Sein mächtiger, dolchförmig gekrümmter Mordapparat vorn am Kopf ist zusammengesetzt aus Ober- und Unterkiefer, die dicht aufeinandergepreßt liegen. Beide tragen eine halbkreisartig ausgekehlte Rinne, diese Rinnen ergeben, wenn die Kiefer zusammengepreßt sind, ein Rohr, durch das der Magensaft in die ergriffene Ameise geschickt wird, sie innerhalb ihrer Hüllen verdaut und nichts von ihr übrig läßt, als diese Hüllen selbst.

Wer sich die Mühe des Fangens und vorsichtigen Heranbringens einer Ameise an den oberen Rand des Fangtrichters ihres Mörders machen will, kann, sobald das Bombardement erfolgt, am fortstrebenden Zappeln des Beutetieres die Angst der Kreatur anschaulich demonstriert finden. Er braucht sich keine Vorwürfe über dieses Experiment zu machen, es ist nicht grausamer als die Natur, die es täglich tausendmal wiederholt.

Ganz anders steht es um diejenigen Versuche mit lebenden Tieren, die man als Vivisektion bezeichnet und die inzwischen mit vollstem Recht verboten worden sind.Im Laufe der Jahre war im Zuge der mechanistischen Deutung des Lebensgeschehens jegliche Achtung des Lebendigen und jegliche Ehrfurcht vor dem Leid der Kreatur in weiten wissenschaftlichen Kreisen erstorben. Man sah den Organismus als ein Produkt des Zufalls und der Auslese an, glaubte ihn zusammengesetzt aus chemischen und physikalischen Verkettungen und nannte diese Mißdeutung stolz »Maschinentheorie des Lebens«. Maschinen können nicht leiden, Maschinen darf man ungestraft auseinandernehmen und darf glauben, auf diese Weise wesentliche Einblicke in ihre Konstruktion zu gewinnen. Aus dieser Anschauung heraus, die heute noch das biologische Weltbild in Sowjetrußland beherrscht, in allen anderen Ländern aber längst zusammengestürzt oder wenigstens ins Wanken geraten ist, wurden die grausamsten Tierversuche angestellt, nicht einmal zum Zweck des Erkennens, sondern hundert- und tausendmal, um die Ergebnisse vor

Studenten zu demonstrieren. Hunden wurde die Haut in verschieden großer Fläche mittels petroleumgetränkter Lappen verbrannt, bis die Tiere an den Verbrennungen starben – dies nur, um zu zeigen, daß die Hautoberfläche allzu ausgedehnte Zerstörungen durch Brandwunden nicht verträgt, ohne damit den Gesamtorganismus zu schädigen. Wenn ein anderer Hund vorgeführt wurde, dem die Speiseröhre zerschnitten und ein Stück weit aus dem Halse herausgezogen worden war, so daß sein Futter, statt in den Magen zu gelangen, unterwegs vorzeitig ins Freie gelangte und zu Boden fiel, gab es unter den Zuhörern ein Gelächter. Ein Blick in die Vivisektions-Stätten der mechanistischen Wissenschaft, wie sie vor Jahrzehnten blühte, ist ein Blick in Folter- und Schreckenskammern, denen gegenüber die der Hexenprozesse fast verblassen. Die Angst der Kreatur wurde an diesen Orten nicht nur ins schlechthin Wahnsinnige gesteigert, sondern sie wurde von denen, die sie über das wehrlose Geschöpf verhängten, glatt mißachtet und geleugnet. In der »Deutschen Medizinischen Wochenschrift« aus dem Jahre 1888 – damals blühte der wissenschaftliche Materialismus und Mechanismus – kann man lesen, welcher Art und von welchem wissenschaftlichen Wert die Tierversuche jener Ära waren. Es heißt dort: »Die bekannte Tatsache, daß zu heiße Speisen gesundheitsschädlich sind und die bisher mangelhafte Beantwortung der Frage nach der Grenze und dem Grund derselben veranlaßte Dr. F. Späth zu Versuchen, die er so anstellte, daß verschiedenen Kaninchen, französischen Lapins u. a., jeweilig 60 bis 100 Grad warmes, resp. heißes Wasser in den Magen gebracht wurde. Temperaturen von 75 bis 80 Grad Celsius bewirken vollständige Zerstörung der Magenwandungen und trotz Eingießens kalten Wassers in den Magen Geschwürbildung und nach einigen Tagen Tod. Aus den Versuchen zieht Späth die praktischen Folgerungen, daß Temperaturen von 40 bis 50 Grad Celsius im allgemeinen für flüssige und feste Speisen am zuträglichsten seien.«

Zu diesem Bericht bemerkt Dr. Max Kemmerich mit vollem Recht: »Ist nun die Dummheit dieses Herrn, der in grauenhafter Weise Tiere hinmordet, um etwas festzustellen, was jedes Kind weiß, oder seine Gemeinheit größer? Was sagen wir zu einer ‚Wissenschaft', die einem solchen sadistischen Trottel, der sich durch seine geistige Impotenz berechtigt glaubt, Tiere zu quälen, nicht etwa voller Verachtung die Türe weist, sondern solche ‚Forschungsresultate' auch noch, jedenfalls zur Nacheiferung für andere seines Schlages, veröffentlicht?!«

Das war im Jahre 1888. Aber noch vor anderthalb Jahrzehnten konnte ein naturkundliches Knabenbuch erscheinen, in dem Kinder angeleitet wurden, Frösche zu töten. Das betreffende Kapitel beginnt zwar mit allgemeinen ethischen Redensarten und einer Verherrlichung des »ehrlichen Broterwerbs« durch Töten, ist aber dennoch auf keine Weise zu entschuldigen. Wer, wie dieser Autor, den Widerstand der gesunden Seele gegen jeglichen Tiermord als »Scheinheiligkeit« bezeichnet, ja wer den Satz ausspricht: »Besser ist es daher, den Frosch durch Enthaupten zu töten. – Und sollte dir das auch noch so unangenehm sein!« – der leistet einem Weltbild Vorschub, das wir mit allen Mitteln bekämpfen müssen. Ein Knabe, dem das Töten von Tieren Pein bereitet, ist kein Schwächling, sondern hat alles Zeug zum anständigen Menschen in sich. Gewiß bleibt das Töten auch dem Insektensammler nicht erspart. Aber einen Frosch zu enthaupten, nur um dieses Kunststück zu erlernen und keine »Scheinheiligkeit« aufkommen zu lassen – das ist eine Beschäftigung, deren Früchte wir erblicken, wenn wir uns dem traurigen Kapitel Vivisektion zuwenden.

Es war notwendig, das alles zu streifen, denn die Angst der Kreatur wird im allgemeinen durch die mangelnde Bewußtheit derer, die sie verursachen, in den Bereichen der Schuldlosigkeit erlitten. Sie ereignet sich als Opfer, kein unwissendes Gottesgeschöpf muß sühnen, auch das mordende Raubtier nicht. Dafür war die indische Legende von den drei Heiligen, die dem fischfangenden Reiher begegnen, eine tiefe Sinnenthüllung. Sobald aber der Mensch, der Wissendgewordene, Angst über seine stummen Brüder breitet, ist auch die Schuld da, und so bleibt jede vivisektorische Tätigkeit kalter, vorbedachter Mord.

Unsere neue Gesetzgebung bestraft solchen Mord mit aller Härte, die er verdient, und nicht nur leidende Tiere sind dankbar dafür. Der Arzt, der im Selbstversuch sein Leben gefährdet, darf auch um der Leidbefreiung seiner Mitmenschen willen den Tierversuch, wo er unvermeidlich ist, in Anwendung bringen. Der bloße Experimentator hingegen – oder gar der Vorführer grausam zurechtgeschnittenen, lebenden Anschauungsmaterials – ist strafbar und verabscheuungswürdig, weil er sich mitleidlos hinwegsetzt über alle Schrecknisse der düsteren Naturgewalt, der Angst der Kreatur.

Geniale Naturforschung: August Strindberg als Biologe

Seit je hat die Naturforschung neue und großartige Ideen von Außenseitern empfangen. Das ist nicht verwunderlich. Der fleißige und stets mit der Bearbeitung von Spezialfragen überlastete Fachgelehrte hat durch ein allzu enges Verstricktsein in Methodik und Aufgabenbereich seiner Wissenschaft die Naivität der Fragestellung verloren, die dem Laien eignet. Ist ein solcher Laie gar ein Genie, so wird seine Naivität des Fragens – man könnte statt Naivität auch sagen: Unverbildetheit – verschwistert auftreten mit einem Drang zur Beantwortung solcher Fragen aus dem schöpferischen Quell des eigenen Innern, der Intuition heißt. Die Intuition als Erkenntnismittel ist in der Wissenschaft unserer Zeit wieder zu Ehren gekommen, und gerade die exaktesten Geister, nicht etwa die verschwommensten, bekennen sich zu ihr: Staatsrat Prof. Sauerbruch sieht im intuitiven Erkennen eine wissenschaftliche Methodik, die das rationale Arbeiten zu ergänzen und zu vertiefen berufen ist.

Ein Kind fragt: »Warum wachsen die Bäume nicht in den Himmel?« Der Durchschnitts-Erwachsene fragt das nicht mehr. Wie schade! Prof. Max Westenhöfer, der Entdecker des selbständigen Entwicklungsweges der Tierarten, ist zu seinen Forschungsergebnissen, die immer nachdrücklicher eine Bestätigung durch andere Forscher erfahren und zur Grundlage eines neuen, auf Tatsachen begründeten Weltbildes der Stammesgeschichte geworden sind, nur durch die stete Fragestellung »Warum?« gelangt. Er selbst sagt darüber in einer seiner anatomischen Arbeiten: »Der berühmte Chemiker Ostwald verbot seinen Schülern die Frage warum ... Ich pflegte meinen Schülern im Gegenteil zu empfehlen, bei allen Dingen zu fragen warum ... Mit der Frage warum beginnt alle höhere Wissenschaft, denn das Feststellen und Aufzählen von Tatsachen, die Systematik allein ist noch keine Wissenschaft, obwohl natürlich auch dazu eine reichliche Menge von Beobachtungsgabe und Aufwand von Arbeit gehört. Erst durch die gedankliche Verbindung der festgestellten Tatsachen, ihre Erklärung wird das Höchstmaß von Wissenschaft erreicht, oft freilich auch von Irrtum.«

Es leuchtet ein, daß der Außenseiter unbefangen fragt und dort Rätsel sieht, wo der Fachmann einfach Gegebenheiten hinnimmt. So kommt es, daß gerade vielbewunderte Großtaten der Naturforschung ihren Anlaß der Kinderfrage eines Außenstehenden und oft auch ihre Vollendung der Intuition eines solchen verdanken. Heutzutage bahnt sich eine Synthese intuitiver und exakter Forschung, wie schon betont, insbesondere in den besten Köpfen an. Hand in Hand damit geht eine Erweiterung der Naturwissenschaft in Bereiche, die früher als unwissenschaftlich und gar als verrufen galten. Wer viel moderne Literatur über theoretische Biologie in die Hände bekommt, wird feststellen müssen, daß in fast allen Werken über derlei Fragen von Gott die Rede ist. Es gab eine Zeit – sie liegt noch kein halbes Jahrhundert hinter uns – da bemühte sich Ernst Haeckel als ein Agitator, der selbst vor Entstellungen der Tatbestände nicht zurückschreckte, alles Wissen um Gott zu zersetzen im Namen einer Wissenschaft, die sich als Ersatzreligion anbot mit einem Maß an Unfehlbarkeitsanspruch, über das wir heute lächeln. Haeckel prägte das berühmte Wort, Gott sei ein gasförmiges Wirbeltier. Gasförmig, das sollte heißen, immateriell. Aber Haeckels Materialismus ging so weit, daß er sich Zustände jenseits des Materiellen überhaupt nicht vorzustellen vermochte. Der gasförmige Zustand war bereits das Äußerste, was sein materialistisch eingezwängter Geist zu erfassen vermochte vom Jenseits der Materie. Die »Welträtsel«, Haeckels Kampfbuch gegen Metaphysik und Gottglaube, waren einst die Bibel marxistischer Freidenker- und Feuerbestattungsvereine – heute ist ihr propagandistisch zurechtgestutzter Gehalt an Wissenschaftlichem längst überholt von den Ergebnissen einer Lebenskunde, die allenthalben mit den wahren Hintergründen des Seins rechnen gelernt hat.

Wer die Geschichte der Biologie verfolgt, stößt immer wieder auf ausgesprochen religiöse Persönlichkeiten. Auch und vor allem in der Gegenwart. Allein der Einbruch des mechanistisch-materialistischen Dogmas vergewaltigte einige Jahrzehnte hindurch das religiöse Grundgefühl, das so viele Forscher erfüllte, die ihr Leben dem Betrachten und Deuten der Schöpfung widmeten. Im Jahre 1750 erschien, aus der Feder des Bibliothekars am königlich physikalischen Institut zu London, eine »Naturgeschichte der wenig bekannten Vögel, die bisher kaum gezeichnet oder geschildert worden sind«. Die vier dicken Bände, die der Verfasser mit meisterlichen Kupferstichen illustrierte, sind auch heute noch ein Dokument herrlichster Naturschilderung und liebevollsten Forschertums. Sie tragen, auf der Titelseite des ersten Bandes, die Widmung: »Gott – dem Einen und Ewigen! Dem unfaßbaren, allgegenwärtigen, allgerechten und allmächtigen Schöpfer aller bestehenden Dinge, angefangen vom unermeßlichen All bis zum winzigsten Stäubchen, sei dieses Atom gewidmet und verehrt, in grenzenloser Dankbarkeit, Demut und Hingabe, und in allerhöchster Anbetung meines Leibes und meiner Seele dargebracht, von seinem zu tief unterworfenen, niedrigen und demütigen Geschöpf: George Edwards.«

Wer war dem Herzen der Schöpfung näher, jener Bibliothekar oder der Agitator, der vom »gasförmigen Wirbeltier« spricht? Was wird dauernderen Bestand haben, das alte Vogelbuch oder die »Welträtsel«? Die Frage wird bereits von der Biologie unserer Zeit beantwortet. Es bleibt eine weitere Frage hinzuzufügen, die Kinderfrage: Warum?

Als Beispiel einer intuitiven, genialen Naturforschung außenseiterischer Art sei der schwedische Dichter und Deuter August Strindberg angeführt, dessen Anschauungen zu seinen Lebzeiten als Phantastik galten, heute aber zum Bestand des wissenschaftlichen Weltbildes unserer Zeit gehören, ohne daß die meisten Biologen wissen, wie weit ihnen schon vor Jahrzehnten jener Abseitige voraus war.

Von dem frühvollendeten Seher Novalis stammt das Wort: »Der Poet versteht die Natur besser als der wissenschaftliche Kopf.« Wenn je ein großer Dichter diesen Ausspruch rechtfertigte, dann war es August Strindberg, der sich in seiner naturforscherischen Wachheit verwandt mit Goethe fühlte, ohne es zu sein. Denn Goethe, immer von Besorgnis um seine schöpferische Substanz erfüllt, immer ein behutsamer Heger und Pfleger dessen, was ihm und seinem Schaffen Förderung bringen mochte, weist wenig Ähnlichkeiten mit Strindberg auf, dem Fanatiker der Wahrhaftigkeit, dem das Gleichnis seines Wesens jener Herakles war, der auf dem Berge Oeta seinen eigenen Scheiterhaufen entflammt.

Von frühester Jugend an trieb Strindberg naturwissenschaftliche Studien. Er beabsichtigte, Arzt zu werden, doch der kritische Scharfblick seiner von gesundem Mißtrauen erfüllten Seele und der leidenschaftliche Überschwang seines Herzens trieben ihn dem ahasverischen Schicksal des ungebetenen Wahrheitsverkünders, den alle verbannen, in die Arme. Schon früh legitimierte er sich durch einige geographische Arbeiten als befähigter Wissenschaftler. Während jedoch sein Weg als Dichter, der von romantischen Jugenddramen über gesellschaftskritische Romane, Novellen und Einakter, über autobiographische Bücher von nahezu unheimlicher Grausamkeit der Blickschärfe bis zu den unter Swedenborgs Einfluß entstandenen Alterswerken, diesen symbolträchtigen Einfühlungen in letzte Schicksalshintergründe, führt, jedem Gebildeten bekannt ist, wissen nur allzu wenige Menschen unserer Zeit um den Naturforscher Strindberg. Einzig sein Freund Carl Ludwig Schleich widmete diesem warme Anerkennungsworte in seinen Strindberg-Erinnerungen. Ich habe in einigen Arbeiten Strindbergsche Naturerkenntnis mit dem gegenwärtigen Stande der Wissenschaft vom Lebendigen zum erstenmal verglichen und damit den erwarteten Widerhall gefunden, daß eine Anzahl moderner Biologen mit Erstaunen feststellen mußte, um wieviel Jahrzehnte ihre eigenen Arbeitsergebnisse vorweggenommen wurden vom Dichter des »Traumspiels« und der »Gespenstersonate«.

Auch hier möge aus guten Gründen dem Biologen August Strindberg der Platz in der Geschichte der Wissenschaft vom Leben eingeräumt werden, der ihm gebührt, denn Strindberg war, wie aus den nachfolgenden Darlegungen hervorgehen wird, kein Dilettant der Naturforschung, sondern ein wahrer Prophet, dessen lebenskundliche Anschauungen gegenwärtig überall von der Fachwissenschaft bestätigt werden.

Der sich von einer bloßen Annahme jäh in ein Dogma verwandelnde Darwinismus der letzten Jahrzehnte des vergangenen Jahrhunderts, der den Schlüssel zum Geheimnis des Lebens im Zufall gefunden zu haben wähnte, hatte auch Strindberg fasziniert und war ihm wie vielen seiner Zeitgenossen für eine Spanne Weges zur Ersatzreligion geworden. Sein 1890 erschienener Roman »Am offenen Meer« gibt Zeugnis davon. Aber bereits fünf Jahre später, also vor mehr als vierzig Jahren, konnte Strindbergs weitschauender Scharfsinn nicht mehr anerkennen, daß eine bloße Auslese zufälliger Variationen der Lebewesen die tausendfältige Herrlichkeit und sinnhafte Ordnung des organischen Kosmos erzeugt haben sollte, und er schrieb sein naturwissenschaftliches Bekenntnisbuch »Sylva Sylvarum«, ein Werk, das erst heute mit richtigem Maßstabe gewertet zu werden vermag. Paris, die Stadt, in der der große Zoologe Cuvier, der erbitterte Gegner jeglicher Abstammungslehre, gewirkt hatte und deren Jardin des Plantes ebenso wie der alte Montparnasse-Friedhof für Strindberg Stätten steter naturwissenschaftlicher Anregung waren, bot sich damals dem Verbannten als Wahlheimat dar. Er hatte kurz zuvor zwei Werke über Chemie veröffentlicht, die ihm, der die Elemente für Erscheinungsformen eines einzigen Ur-Elementes hielt, in den Kreisen um den französischen Chemiker Jollivet-Castelot zu Berühmtheit verhalfen. Der Arzt, Naturforscher und Geheimwissenschaftler Dr. G. Encausse, bekannt unter seinem Pseudonym Papus, Verfasser einer auch deutsch erschienenen »Synthetischen Physiologie«, setzte sich lebhaft für Strindbergs Forschertum ein und stellte ihm seine Zeitschrift zur Verfügung. Der Chemiker Strindberg, ein großer Verehrer der Tier- und Pflanzenchemie seines Landsmannes Berzelius, wandte sich in »Sylva Sylvarum« nunmehr der Sinndeutung des Organischen zu. Besonders die Pflanzenphysiologie hat es ihm angetan. Überall ist er genötigt, der herrschenden Schulmeinung zu widersprechen: »Warum seine Zuflucht nehmen zu Autoritäten? – Bist du vielleicht feige? Ich lege mich auf den Boden und atme die schöne Luft ein, die erquickender ist als mitten am Tage, wo die Pflanzen gezwungen sind – wenn man den Gelehrten glauben darf – den berauschenden Sauerstoff auszuatmen. Ich sterbe nicht bei dem Versuche. Ich lache über die übermenschliche Dummheit, die an so vieles glauben kann, das durch Suggestion beigebracht wird. Und ich lächle bei dem Gedanken, daß es erwachsene Menschen im grünen Frack gibt, die öffentlich lehren, daß die Pflanzen ihren Kohlenstoff aus der Kohlensäure der Luft nehmen und zugleich nächtlich ein Kohlengas von sich geben. Sich so viel Mühe machen, um plus minus null zu erreichen! Ich betrachte eine riesenhafte Kiefer vor mir. Ich frage mich selbst, ob die wirklich ihr kräftiges Gerippe mit Hilfe der 4/10000 Kohlensäure, die in der Luft enthalten sind und von denen nur 28 Prozent auf Kohlenstoff kommen, aufgezimmert hat? Genug davon!« Wenige Seiten weiter heißt es: »Eine Generation, die den Mut gehabt hat, Gott abzuschaffen, Staat und Kirche, Gesellschaft und Sitten niederzureißen, vereinigte sich noch vor der Wissenschaft. Und da, in der Wissenschaft, wo die Freiheit regieren sollte, galt die Parole: Glaub an die Autorität oder stirb!«

Strindbergs Methode, die Natur zu befragen, ist die der Analogie, eine Vereinigung von analytischem und synthetischem Betrachten der Dinge, wie sie im Frankreich jener Jahre unter der Obhut von Forschern aufkam, die sich an das Weltbild des deutschen Sehers Jakob Böhme anschlossen. »Ich weiß sehr wohl«, bemerkt Strindberg, »daß Psychologen ein häßliches griechisches Wort erfunden haben für die Sucht, überall Analogien zu sehen, aber das schreckt mich nicht ab, denn ich weiß, daß es Ähnlichkeiten überall gibt, weil alles in allem ist, überall!« Dennoch wird Strindberg noch heute von psychiatrischer Seite her vorgeworfen, er habe am Beziehungswahn der Paranoiker gelitten. Wie fruchtbar die Resultate dieses »Beziehungswahns« waren, wird sogleich deutlich werden, und seinem Wissen um das Alles-in-allem stimmte erst kürzlich der Tierpsychologe Prof. Christoph Schröder in einer insektenbiologischen Arbeit auf Grund meiner Strindberg-Veröffentlichungen lebhaft zu.

Am Beispiel des Alpenveilchens legt Strindberg die Unhaltbarkeit der biologischen Systematik dar und vertritt damit die uns heute ganz geläufige Auffassung, daß die Natur jeglicher Rubrizierung spottet. Die moderne Mimese-Forschung lehnt die alte, unzutreffende Theorie der durch Zuchtwahl zustandegekommenen Schutzanpassungen im Tierreich ab und erklärt die tatsächlich vorhandenen Einpassungen tierischer Formen und Farben ins Gesamtbild der Umgebung mit dem Wirken eines »Genius loci«, einer stilprägenden Gewalt, deren Wirksamkeit beobachtbar, deren Wesen aber noch rätselhaft ist – worin sie übrigens der Elektrizität und der Entelechie gleicht. Strindberg nimmt diese Deutung im Kapitel über das Alpenveilchen vorweg: »... man bleibe voll Erstaunen vor der Winde stehen, deren Blütenknospen die des Getreides, besonders die Deckblätter des Hafers, auf eine so verwirrende Weise nachahmen, daß, zeichnet man die beiden, ein Unterschied nicht vorhanden ist. Tausend Jahre lang zusammen gesät, gewachsen, gemäht, können sie sehr wohl einen Eindruck voneinander empfangen haben.« Zugleich noch eine Probe seines vorwurfsvollen, immer auf Analogiesichtigkeit hinzielenden Stils: »De Candolle bemerkt: eine Rose riecht stärker, wenn eine Zwiebel daneben wächst; und das glaubt man, weil es durch die organische Chemie erklärt werden kann: das Propin der Zwiebel C^3H^4, das auf das Äthyl der Rose C^2H^4 hinuntergeht. Wenn man aber mit Bernardin de Saint Pierre glaublich machen will, daß die Sonnenblume den höchsten Stand in der Pflanzenskala erreicht hat und das Bild der Sonne mit Scheibe, Strahlen und Flecken wiederzugeben vermag, was noch nicht durch Physik erklärt werden kann, so ist das Mystik.«

Hochinteressante, besonders für den Botaniker wichtige Beiträge zum Thema der Parasitwerdung leiten das Kapitel »Wo haben die Pflanzen ihre Nerven?« ein, in dem es mit Hinblick auf die damalige Schulbotanik heißt: »Alles das ist so schlecht untersucht und so wenig bekannt, daß man, studiert man heute Botanik, die Bücher von Landwirten, Gärtnern und Apothekern lesen muß, um eine Ahnung zu bekommen, wie die Natur arbeitet; das ist viel fördernder als das Studium der Werke von Experimentatoren an den pflanzenphysiologischen Instituten.« Und wenn Strindberg seine Erfahrungen über das Empfindungsleben der Pflanzen zusammenfaßt: »Man hat gemeint, die Pflanzen seien im allgemeinen unempfindlich, bis auf einige frappante Ausnahmen wie die Mimose. In Wirklichkeit sind die Pflanzen träg, doch sehr empfindlich; nur ist eine große Geduld nötig, um ihre Bewegungen zu sehen«, so braucht man heute nur zu dem berühmten Werk »Die Pflanzenschrift« des indischen Gelehrten Prof. Bose zu greifen, um darin eine einzige Bestätigung Strindbergscher Ideen vom Standpunkt der neuzeitlichen, mit feinsten elektrischen Apparaten experimentell arbeitenden Pflanzenforschung zu finden. Daß Strindberg selbst geschickt zu experimentieren und die Resultate seiner Versuche höchst scharfsinnig auszuwerten verstand, möge folgende Stelle aus dem gleichen Kapitel beweisen: »Eine der empfindlichsten Pflanzen ist sicher die gelbe wilde Balsamine, die man mit Recht Impatiens noli tangere nennt. Als ich zum ersten Male dazu kam, eine reife Kapsel zu berühren und sie mir aus den Fingern sprang wie ein Insekt, ihre Körner ringsum verschüttend, glaubte ich, mit einem lebenden Wesen zu tun zu haben, das sich durch die Flucht retten wollte. Wie weise eingerichtet, sagte ich mir, daß diese Pflanze, die im Schatten der Bäume wächst, ihre Samenkörner der Sonne hinwerfen kann. Meine älteren Freunde erklärten mir, im Innern sei ein Mechanismus vorhanden, der dieses Manöver ausführe; den Mechaniker aber erkannten sie nicht an. – Später habe ich den Mechanismus der Sprungfeder, der bemerkenswert gut gearbeitet ist, näher untersucht. Aber die Balsamine versteht sich noch auf andere Kunststücke. Unter den Bäumen von Parks und Wäldern lebend, streckt sie während des Tages ihre goldgelben Blüten dem Licht der Sonne entgegen und zieht sie für die Nacht unter die Blätter zurück. Da das Blatt von den Knoten des gegliederten Stieles ausgeht, argwöhnte ich ein Energiezentrum im Knoten und machte folgenden Versuch: Ich schnitt von zwei verschiedenen Stöcken von Impatiens Stiele ab. Den einen verletzte ich im Knoten, den andern in der Knotenweite und stellte dann beide in Wasser. Der im Knoten verletzte Stiel starb nach zehn Minuten, der in der Knotenweite verletzte fuhr fort, zu leben. Darauf hat man mir unüberlegt die Einwendung gemacht, der im Gelenk verletzte Stiel verliere seinen Turgor (Spannungszustand) durch den Verlust von Wasser und Luft. Das hat aber keinen Sinn, denn er könnte dann nicht weiter welken als bis zum nächsten Knoten. Übrigens weiß jeder Gärtner, daß man einen Steckling nicht im Knoten abschneiden darf, wenn er auch nicht sagen kann, warum; besonders wenn er einen groben, holzigen Obstbaumzweig abschneidet, der einen Turgor nicht nötig hat. Dasselbe gilt vom Wurzelhals der Pflanze, den man nicht verletzen kann, ohne daß die Pflanze stirbt, was die Gärtner sehr wohl beachten. – Um die Sache nachzuprüfen und das Wasser herauszutreiben oder die Luft eindringen zu lassen, richtete ich die Flamme des Lötrohres a) auf den Knoten einer Impatiens – und der Stiel sank sofort zusammen; b) auf die Knotenweite, und der Stiel hielt sich aufrecht. Übrigens wird die Mimose unter der Luftpumpe steif, was nicht auf den Verlust eines Turgor deutet. Sachs ist der Ansicht, das komme von dem Mangel an Sauerstoff. Ich setzte ein Innervationszentrum in dem Knoten voraus; und ein moderner Autor hat, ohne es zu wollen, meiner Voraussetzung Stützen gegeben. Adolphe Prunet hat in seiner Dissertation über die ‚Knoten und Knotenweiten bei den Dikotyledonen' (Paris 1891) unter anderem bemerkt, die Knoten seien reicher an Fetten und an Eiweiß als die Knotenweiten: diese Substanzen aber sieht man als die Grundsubstanzen der Nerven an. – Wenn ich hinzufüge, daß Golgis seit 1875 bekanntes Reagens, doppelchromsaures Kali und salpetersaures Silberoxyd, mir Nervenreaktionen in den Pflanzenknoten, die ich studierte, ergab, scheint es mir der Mühe wert zu sein, daß man sich mit der Frage näher befasse.«

Klar erkannte Strindberg auch die Gefahr des überall gepflegten Spezialistentums, wie aus einer Briefstelle an den Übersetzer Schering hervorgeht: »Wenn es einen Menschen gäbe, der sowohl Pflanzen- wie Tierhistologie (Zell- und Gewebekunde) kann, aber den gibt es in diesen Spezialistenzeiten nicht. Darum steht alles still; da jeder nur ein Stück kann, so versteht der eine nicht, was der andre sagt! Die babylonische Verwirrung unterm Babelturm, der den Himmel erreichen wollte, aber die Hölle erreichte.«

Für uns ist die Frage nach Strindbergs Einstellung zum Entwicklungsproblem von Wichtigkeit. Er selbst beantwortet sie in »Sylva Sylvarum« mit dem lapidaren Satz: »Im Anfang war Alles!« Das ist ein Bekenntnis zur radikalen Polyphylie, zur Lehre von der aus der Eigenlinie der Entwicklung, die für jede Art gilt, sich ergebenden Vielstämmigkeit der Organismenwelt – eine Anschauung, wie sie heute vor allem mit Leidenschaft und zwingendem Beweismaterial von dem Berliner Anatomen Prof. Westenhöfer vertreten wird. Aber auch die Auffassungen Dr. Kleinschmidts, des Begründers der Formenkreislehre, Prof. Sambergers, der in diesem Sinne vom direkten Aufbau der Arten spricht, sowie des verstorbenen Anatomen Klaatsch und des gleichfalls verstorbenen Paläontologen Steinmann, zweier Autoritäten ihres Faches, laufen auf Polyphylie hinaus.

In wie hohem Maße Strindberg Ernst machte mit seiner Vorstellung von der Einheitlichkeit des Alls, mit deren Hilfe er alles in allem wiederfand, mag deutlich werden an Hand zweier Zitate aus dem Kapitel »Das Seufzen der Steine«: »Es wurde Winter, und ich ging in den Wald, aufs Eis, in die Hage. Und ich sammelte im Gedächtnis Bilder von allen Pflanzenformen, die ich bemerkte, wenn der Reif sich auf die Bäume oder Schilfhalme absetzte. Meine Aufzeichnungen nennen diese: Palmen, Farne (sowohl Polypodium wie Adianthum), Espen- und Birkenblätter, die ganze Kontur der Fichte, die Blüte der Rose, der Islandflechte, des Blumenkohls. Und ich fragte eine neue Frage: hat dieses Wasser in Dampfform, das viele Male vielleicht den Kreislauf der Pflanzen passierte, Eindrücke von Pflanzenformen angenommen und beibehalten, oder hat das Wasser selbst, seit es das niedrige Stadium der

Kristallform verließ, ein eigenes, höher strebendes Vermögen freierer Formbildung in den Kristallaggregaten, und ist es das Wasser, das den Pflanzen die Form gegeben hat, oder umgekehrt? Da ich damals exklusiv war, ließ ich die beiden Fragen schneidend einander gegenüber stehen, nicht ahnend, daß die Wahrheit in beiden liegen könnte. Aber ich suchte.« »Ich ging eines zweiten Weihnachtstages durch die Leipziger Straße in Berlin, als es über zwanzig Grad kalt war. Die Läden waren wegen des Festes für zwei Tage geschlossen, so daß die eingesperrte Feuchtigkeit Gelegenheit gehabt hatte, sich ungestört auf einer sehr großen Fensterscheibe abzusetzen und Eisblumen zu bilden. Ich blieb stehen und betrachtete. Hatte gleichzeitig die Theorie eines deutschen Philosophen von der Herleitung aller Dinge aus der Formel Verdichtung und Verdünnung im Kopfe. Sah, wahrscheinlich während ich das dachte, daß die Eisblumen auf der Scheibe eine größere Dichtigkeit unten gegen den unteren Rand der Scheibe zeigten als nach oben zu; was natürlich war, da das Wasser nach unten gesunken. Ich begann, die kolossale Wiese zu durchforschen, und sah oben die deutlichsten Flechten, die ich benennen konnte: Islandflechte und andere. Darunter waren Algen, von Siphonie bis hinauf zu Fucus, Plamella, Chara. Hier hielt ich an und dachte: dies ist ja das jetzt herrschende botanische System, und so war es, ungefähr. Von den Algen ging es zum Pflanzenreich aufwärts, auf der Scheibe hinunter mit zunehmender Verdichtung: Moose, Farne, Lykopodien, Koniferen, Gräser und Palmen. So ganz regelmäßig war es nicht, aber die Natur ist auch nicht so regelmäßig. Ich verließ das Fenster, nachdem ich aufgeschrieben hatte, was ich gesehen. Und ich dachte: ist die Erde, nach Kant-Laplace, aus der verdünnten Form des Nebelsterns in die verdichtete des Wassers und des Urbergs übergegangen, so ist nichts folgerichtiger, als die Entstehung der Pflanzenformen aus der zunehmenden Verdichtung des Wassers auf der Erdfläche abzuleiten – also auch auf der Fensterscheibe. Mit einer gewissen Einschränkung, die ich aus Furcht vor den Folgen so traf, daß ich die Analogie zwischen den Eisblumen und der Pflanzenwelt auf die Algenflora begrenzte, welche unter dem Wasser, im Wasser, auf dem Wasser alle Pflanzen bis hinauf zu Koniferen und Palmen skizziert. Aber es ist möglich, daß der feige Gedanke auf halbem Wege stehen blieb, während die unerschrockene Natur ihn zu Ende gegangen ist.« Auch im Bereich dieser Gedankengänge bewundern wir wieder Strindbergs einfallsreiche, gänzlich neuartige Forschungsmethodik: »Ich kann den Wißbegierigen nur mahnen, die Versuche zu erneuern, aber sie etwas zu komplizieren. Er beginne mit Weinsäure aus anderem Stoffe als Weinhefe, und zum Vergleich Weinsäure aus Weinhefe. Und wenn er Gelegenheit hat, führe er vergrößerte mikroskopische Photographien aus. Als ich in Kälte auskristallisierte Weinsäure in mäßiger Vergrößerung unter das Mikroskop brachte, wurde ich betroffen vor Erstaunen. Da war nicht nur das Laub des Weins, mehr oder weniger ornamental behandelt, sondern da war auch eine ganze Flora. Und bei einer fünfhundertfachen Vergrößerung zeigten sich Gefäße, sogar die spiralförmigen ... Arons Stab, der grünt! Nicht wahr?«

Erwähnt sei in diesem Zusammenhange, daß gegenwärtig auf Grund einer sehr ähnlichen Methodik mit Hilfe von Pflanzensäften oder Blut die Formbildungskräfte des Organismus studiert werden nach Maßgabe der Beeinflussung, die empfindliche Kristallisationsvorgänge dadurch erfahren. Auch Krankheiten rufen auf diesem Wege besondere Kristallformen hervor, so daß der Entdecker dieses Verfahrens, Ehrenfried Pfeiffer, eine neuartige Hilfsdiagnose darauf aufbaut. Bei seinem Nachweis von Formungskräften im Blut mit Hilfe empfindlicher Kristallisationsvorgänge ahnt er gewiß nicht, das August Strindberg diesen Nachweis um Jahrzehnte vorwegnahm, wenn auch unsystematisch und skizzenhaft, wie es seiner genialen Anlage entsprach. -

Nachdem in der Geologie der Aktualismus Lyells – jene Richtung, die für das Zustandekommen des Erdbildes auch in vergangenen Zeitaltern die gleichen Kräfte deutend heranzog, die noch heute wirksam sind – mit seinem katastrophenfeindlichen Phlegma herrschte, beginnt gegenwärtig unter der Führung Prof. Edgar Dacqués die Wissenschaft vom Schicksal der Erde sich abermals der Katastrophentheorie des großen Cuvier zuzuwenden. Auch hier war Strindberg Prophet, denn er wußte schon 1896: »Die Urgeschichte der Erde ist so trist und leblos geworden, seit mit Lyell alle Geologen sagen gelernt haben, die Natur sei durch Gesetze gebunden, die im Gegensatz zu anderen Gesetzen nicht geändert oder aufgehoben werden könnten. Alles ist so still, regelmäßig, tötend einförmig zugegangen wie jetzt. Keine Revolutionen, keine Ausbrüche unbändiger Kraft, keine Schöpferlaunen, keine Künstlerphantasien der Natur, oder, um mich eines mehr malenden Ausdrucks für dieselbe Sache zu bedienen, des Schöpfers!« Und bereits vor Hörbiger, dem Begründer der Welteislehre, und Dacqué ahnte er: »Vielleicht – alles ist ja möglich – hat die Erde kleine Planeten verschlungen...« Vom Innern der Erde verkündet er aber, daß es »seine größten Geheimnisse dem sterilen Leugner noch zu verbergen scheint, aber nicht dem furchtlosen Zweifler, der alles untersucht und sich abwartend, empfänglich verhält ... ein Orpheus mußte einmal in die Unterwelt hinunter, um Leben in die Steine zu singen, die nicht tot sind, nur schlafen!«

Mit einer Untersuchung über den Totenkopfschmetterling stürzt sich Strindberg mitten hinein in seinen »rationellen Mystizismus«, wie er es nennt. Ein kleiner Seitenhieb, den Gelehrten seines Jahrhunderts geltend, sei hier angeführt: »Ein Kind hat gefragt: Wo bleibt die Lichtflamme, wenn sie gelöscht wird? Die Naturforscher des vorigen Jahrhunderts antworteten: sie kehrt zum Urlicht zurück, von wo sie kam. Unsere Naturforscher, welche die Unzerstörbarkeit der Kraft erklären, sagen gleichwohl: sie hörte auf!« Und abermals beklagt er sich, wenige Seiten weiter, in dem Kapitel »Sonne und Sonnenblume«, über das Schreckensregiment der Nervenärzte: »Die psychische Fähigkeit, überall Ähnlichkeiten zu sehen, war nur bei den Dichtern verzeihlich, diesen unschädlichen Bildermachern; unverzeihlich bei anderen – man nannte sie geisteskrank.« Doch das kann ihn nicht beirren, das Ergebnis seiner Untersuchungen laut und mit überlegenem Spott zu verkünden: »Wir haben überall Ähnlichkeiten gesehen, aus dem Grunde, weil Ähnlichkeiten und Übereinstimmungen sich überall finden, und wer sagt, er glaube an die Einheit der Materie – und des Geistes – ist mit uns einig! Nicht wahr?«

Wie wenig innerhalb des herrschenden wissenschaftlichen Weltbildes – das betont er mitten im Zeitalter intellektgläubiger Siegesgewißheit – gewährt Sicherheit! Fest steht einzig, »daß die herrschende Physik und Chemie die Welträtsel noch nicht gelöst haben; daß die Naturgesetze, wie sie genannt werden, Vereinfachungen sind, von einfachen Menschen und nicht von der Natur diktiert; daß das Weltall noch Geheimnisse vor uns verbirgt; und daß darum die Menschheit ein Recht hat, eine Revision der Naturwissenschaften zu fordern...« Denen, die nicht imstande sind, seinen kühnen Schlüssen zu folgen, erklärt er: »Ihnen ist bange vor meiner Einbildungskraft. Hören Sie Tyndall: »Ohne Einbildungskraft können wir nicht einen Schritt über die rein tierische Welt hinaus tun, vielleicht nicht einmal an die Grenzen der tierischen Welt kommen.« Und zum Beweis, daß er auch beim Naturforschen ein echter Dichter, das heißt ein Seher geheimer Zusammenhänge, bleibt, findet er im Epilog des Buches die nachfolgenden wunderbaren Worte über das Mysterium der Blumen: »Warum übrigens alle diese Blumen auf den Gräbern? Diese Blumen, diese Lebendig-Toten, die ein seßhaftes Leben führen, gegen einen Angriff nicht Widerstand leisten; die lieber leiden als etwas Böses tun, die fleischliche Liebe vorspiegeln, sich ohne Kampf vermehren und sterben, ohne zu klagen. Höhere Wesen, die den Traum Buddhas verwirklicht haben, nichts zu wünschen, alles zu dulden, in sich zu versinken bis zur freiwilligen Unbewußtheit. Ahmen aus diesem Grund die weisen Hindus das passive Dasein der Pflanze nach, indem sie in keine Beziehung zur Außenwelt treten, weder durch einen Blick noch durch ein Zeichen noch ein Wort? Ein Kind fragte mich einmal: Warum singen denn die Blumen, die so schön sind, nicht wie die Vögel? Sie singen wohl, antwortete ich ihm, aber wir können sie nicht hören.« Eine Amsel lockt ihn auf dem Friedhof Montparnasse von Grab zu Grab: »Schließlich, als mein Lotse am Fuß eines Holunders verschwindet, befinde ich mich vor einem Mausoleum, das ich noch nie bemerkt habe. Ein Künstlertraum, eine Dichtervision oder vielmehr eine halbvergessene, von den Tränen des Kummers wieder aufgefrischte Erinnerung. Es ist ein Kind von sechs Jahren, Hochrelief auf goldnem Hintergund, das von einem Engel über die Wolken gen Himmel geführt wird. Kein Reflex des Verbrechertypus in diesem Kindergesicht, eine vollkommene Heiterkeit, große Augen, eher geschaffen, Schönheit und Güte auszustrahlen, als diese unreine Welt zu betrachten; kleine Nase, an der Spitze leicht gedrückt infolge der Gewohnheit, sie an die Mutterbrust zu pressen; wie ein feiner Schmuck mit den muschellinigen Nüstern über dem herzförmigen Mund, nicht um die Beute zu wittern, nicht um Wohlgerüche oder Gestank zu riechen, noch kein Organ: Schönheit um der Schönheit willen. Das ist das Kind vorm Ausfall der Zähne, dieser Perlen, die keinen andern Zweck zu haben scheinen, als ein Lächeln zu erhellen. Und das soll der Abkömmling eines Affen sein! Doch geben wir zu, daß im allgemeinen der alte Mann, behaart, runzelig, mit Hundezähnen, gewölbtem Rücken, gebogenen Knien, zu den Affen hinuntersteigt, wenn das Aussehen nicht nur eine Maske ist. Fortschritt nach rückwärts also! oder was sonst?« Klingt hier nicht bereits eine Ahnung von der Proterogenese-Theorie des Paläontologen Schindewolf an, die besagt, daß die Jugendform eines Organismus verheißungsvoller Hinweis auf stammesgeschichtliche Zukunftsformen sei? Oder von Westenhöfers Nachweis, daß man wohl den Affen vom Menschen, nie aber den Menschen vom Affen herleiten könne? Die Lehre von der »wagnisvollen Wahrung des Urbildes«, wie der Botaniker Prof. André es nennt – hier, am Grabstein eines Kindes, wird sie über Jahrzehnte hinweg vorausgeschaut. Und dies der Schluß des Buches: »Die Amsel ist von ihrem Ausflug zurückgekehrt und ruft mich mit ihrem gellenden Schrei. Sie hat sich auf ein eisernes Gitter gesetzt und trägt in ihrem Schnabel einen Gegenstand, dessen Form und Farbe ich nicht unterscheiden kann. Als ich mich nähere, fliegt der Vogel davon, läßt seine Beute aber auf dem Querbalken des Geländers zurück. Es ist eine Schmetterlingspuppe, von dieser einzigartigen Bildung, die keiner andern Form im Tierreich gleicht. Ein Schreckbild, ein Ungeheuer, eine Koboldmütze; kein Tier, keine Pflanze, kein Stein. Ein Leichentuch, ein Grab, eine Mumie, nicht geworden, weil sie keine Vorfahren auf Erden gehabt, sondern von jemand gemacht, geschaffen. Der große Künstler-Schöpfer hat sich daran ergötzt, als Künstler-Meister ohne praktischen Zweck etwas zu formen, l'art pour l'art, vielleicht ein Symbol. Diese Mumie, das weiß ich wohl, umschließt nur einen tierischen, form- und gehaltlosen Schleim, der nach frischer Leiche riecht. Und diese Herrlichkeit ist mit Leben begabt, mit Selbsterhaltungstrieb, da sie auf dem kalten Eisen knackt und sich mit Fäden festhalten könnte, wenn sie sich in Gefahr sieht, heruntergeworfen zu werden. Eine lebende Leiche, die sicher auferstehen wird! Und die andern, die sich dort unten in ihre Puppen verwandeln, die dieselbe Nekrobiose durchmachen: sie sollen nicht wieder erwachen, wenn man den Akademien glaubt, die darin von ihrem eignen Meister abfallen. Man hat nämlich Voltaires Bekenntnis über die letzten Dinge vergessen. Als Voltairianer mache ich mir das Vergnügen, diesen Stein des Anstoßes zu errichten, indem ich diesen Skeptiker, der, alles leugnend, alles zuließ, zitiere: »Die Auferstehung ist eine ganz natürliche Sache; es ist nicht erstaunlicher, zweimal als einmal geboren zu werden.«

Strindbergs »Sylva Sylvarum« mit der Überfülle seiner Daten, Einfälle, Entwürfe und Ahnungen ist aber nur der geniale Auftakt zu seinen biologischen Ideen. Erst in der »Synthese seines Lebens«, wie er es selbst nennt, in dem dreibändigen »Blaubuch« findet seine naturwissenschaftliche Weltschau endgültigen Ausdruck. Es ist unmöglich, hier davon mehr zu geben als einen Überblick und einige Proben.

Vogelkundliche Probleme, ein ungewöhnliches Vorkommnis des Wiedehopfs und die Frage nach dem Zug des Wachtelkönigs, bilden bereits den Auftakt. Das Weltbild ist unter dem Einfluß des großen Grenzwissenschaftlers und Sehers Emanuel Swedenborg noch tiefer vergeistigt worden. Von ihm, der ja ebenfalls Naturforscher von Rang war, heißt es bewundernd: »Wie Pythagoras sah er den Gesetzgeber in den Gesetzen, den Urheber im Werk, Gott in Natur, Geschichte und Menschenleben.« Zugleich wird heftige Kritik am Herkömmlichen geübt: »Wenn man die Einzelheit einer Wissenschaft studieren will, beginnt man Material zu sammeln, sonst kommt nichts heraus. Aber der junge Mann greift die schwere Wissenschaft des Lebens ohne Erfahrungen, das heißt ohne Material, an. Darum wird es so, wie es wird.« Die geistige Situation der Zeit findet in wenigen Sätzen ihre prägnante Kennzeichnung: »Wir lernten, der Mensch gehöre zur Zoologie und nicht zur Anthropologie; der physische Vorgang vor der Wiedergeburt der Seele, der Bekehrung genannt wird, sei Neurasthenie und mit warmen Bädern oder Bromkali zu heilen. Tierärzte hatten Professuren der Philosophie inne und führten Zoologie als Zwangsstoff ins theologische Examen ein. Die Diener des Herrn lernten, die Religion sei ein Überbleibsel der Tertiärzeit; das Tier sei religiöser als der Mensch; der Mensch habe Gott geschaffen.« Und schon damals, 1906, erkennt Strindberg das tragikomische Dilemma der darwinistischen Deuter des Menschwerdungsrätsels: »Sie haben in vierzigjähriger Wüstenwanderung ihren Stammvater in Urwäldern gesucht. Jedesmal aber, wenn sie den Urvater gefunden zu haben glaubten, wurde die Spur sofort wieder verlöscht.« Wieder wird die Analogiemethode angewandt, um Gehirn- und Pflanzenanatomie aufzuhellen. Auch dabei abermals ein boshafter Seitenhieb: »Die Abstammung des Menschen scheint zwiefach zu sein, weil es zwei Arten Menschen gibt, die immer in Streit miteinander liegen: die menschenähnlichen Affen, die in einem dunklen Bewußtsein von ihrer Abstammung verfechten, daß ihre Urväter Affen gewesen sind ... Von denen spreche ich nicht, sondern von den andern, die eine Erinnerung, daß sie von Gott geschaffen sind, im Bewußtsein tragen.« Die Ablehnung einer Affenabstammung ist keineswegs nur Ergebnis neuester biologischer Forschung, sondern war seit je in Gefühl und Bewußtsein des Volkes lebendig. Das kann nicht eindringlich genug betont werden, da die Regungen der Volksseele derselben Quelle entstammen wie die Erleuchtungen des Genies.

Untersuchungen über die Farben der Vogeleier, über Tierstimmen und Probleme des Vogelflugs schließen sich an. Immer wieder wird Front gemacht gegen die mechanistisch-seelenlose Entwicklungslehre: »Die ganze berühmte Entwicklungslehre geht insgeheim darauf aus, daß sich die Schöpfung von selbst geschaffen habe und nicht von einem Gott gemacht ist. Nun war es nichts Neues, daß das Werk der Schöpfung nacheinander vor sich gegangen ist; es steht ja schon im ersten Kapitel der Genesis, daß es nacheinander geschah.« – Einige Jahre, bevor Klaatsch dasselbe entdeckte, veröffentlicht Strindberg bereits den Satz: »Die Hand des Schimpansen ist nicht eine Tatze, die auf dem Weg ist, Hand zu werden, sondern sie ist eine Menschenhand, die im Begriff ist, zur Tatze zu sinken«, und erwirbt damit die bis heute unbekannt gebliebene Priorität in der Erkenntnis einer Tatsache, von der damals noch niemand etwas wußte und die heute weitgehende Anerkennung genießt. Ein ähnlicher Fall: »Als ich in einem Buch sah, daß der Chinabaum am besten in Feuchtigkeit und wechselndem Klima gedeiht, dachte ich daran, daß die Chinarinde bei Wechselfieber von Nutzen ist, das man sich auf feuchtem Sumpfboden zuzieht.« Das ist die Signaturenlehre der mittelalterlichen Ärzte, Jahrhunderte hindurch als Aberglauben verlacht, von Strindberg zuerst wieder ernst genommen und heute, seit der bekannte Homöopath Dr. E. Schlegel sein Buch über »Signaturenlehre als Wissenschaft« veröffentlichte, plötzlich wieder diskussionsfähig. Von der Signaturenlehre her gelangt Strindberg zur Pflanzenpsychologie, einer Wissenschaft, die heute in den Werken des Braunsberger Botanikers André beachtlichen Ausdruck findet. Wie Strindberg selbst dazu kam, sei hier wiedergegeben: »Als ich in einem botanischen Garten die größte Mohnart Papaver speciosissimum sah, mit der unheimlichen blutroten Farbe auf den gekreuzten Kronblättern; und auf dem Boden des Kelches die vier schwarzen Flecke, welche die Giftetikette des schwarzen Kreuzes bildeten, erhielt ich den Eindruck, daß der Glaube der Alten an Signatura rerum (geheime Kennzeichnung aller Dinge), daß sich die den Dingen innewohnende Wirkung im Habitus ausdrücke, ganz richtig ist. Als ich aber das mit Riefen versehene Samenhaus des Mohns sah, das der römischen Vase einer Hygieia gleicht, mit einem Stundenkreis auf dem Deckel, sagte ich mir: Durch Sehen und Einsehen (Intuition) haben die Menschen von den Arzneigaben der Pflanzen Kenntnis erhalten. In jahrelangen Beobachtungen fand ich lauter Bestätigungen. Wenn man das schreckliche Bilsenkraut sieht, mit seiner Kadaverfarbe und der violetten Leichenbläue, so sieht man Tod und Wahnsinn. Aber die Natur ist mild und freigebig; sie legt das Heilmittel neben das Gift. Man sieht am Dezimalbruch der Dosis, wie sich die Wirkung ändert. Rückt das Dezimalkomma nach rechts, ist es die Todesdosis; rückt es nach links, gibt es Leben und Gesundheit. Wenn man aber Bilsenkraut in der Psychiatrie benützen kann, zeigt das, daß die Pflanze eine Psyche hat. Ihre Psychologie kann also geschrieben werden, aber von Psychologen, nicht von Psychiatern.« Ein weiteres Zitat mag die Konsequenzen andeuten, die aus solcher Betrachtungsweise entspringen können: »Unbegreiflich ist, daß gewisse Leichengifte wie Rosen, Jasmin, Hyazinthe riechen; aber die Pflanzen leben ja von Pflanzenleichen und tierischen Absonderungen. Vielleicht sind sie selber Leichen, die aus dem Vergehen auferstanden sind und ein Nirwanaleben leben, ein schmerzfreies, unbewußtes Traumleben.« Es sind diese Worte einer Kapitelfolge über Linné entnommen, in der von dem großen schwedischen Naturforscher gesagt wird: »Wer ihn den trockenen Systematiker zu nennen wagt, hat den Meister nicht gefunden, wo man ihn suchen soll: in seinen herrlichen Reisen, seinen Reden, Briefen und gewissen Abhandlungen. In den Reisen übersieht er die ganze Natur mit ihren drei Reichen: Steine, Pflanzen und Tiere. Er behandelt sie als lebende Wesen. Er ist Biolog, Anatom, Physiolog, aber er ist auch Arzt, Doktor medicinae und Apotheker in einer Person. Und überall sieht er die Hand des Schöpfers ... Nach Linné hat erst Haeckel die Gegenstände der Schöpfung geordnet, aber für ihn war es natürlicher, daß die Natur sich selber geschaffen habe. Das ist sinnlos, und Haeckels Theophobie (Angst vor Gott) ist so groß, daß er denen, die an einen Schöpfer glauben, den Scheiterhaufen anzünden will ... Haeckels System hat bereits dem Vergängnis seine Steuer zahlen müssen, wie Vater Darwins Lehren; und zwar im selben Augenblick, als der Darwinismus in die Volksschule eindrang. Beide haben gedient und ausgedient. Ihr Material wird benutzt, aber zu ganz andern Zwekken, als sie erstrebt haben. Alles klärt sich am Ende! Jetzt aber steht Linné auf, um sein eigener Nachfolger zu werden.« Das war im Jahre 1906. Genau dreißig Jahre später erscheint Westenhöfers Arbeit »Linné und das Problem der Artbildung«, die in Linnés Werk, nicht in dem Lamarcks oder Darwins, den Höhepunkt der neuzeitlichen theoretischen Biologie erblickt und somit wiederum eine Bestätigung Strindbergscher Wahrschau darstellt.

Es geht weiter über Insektenbiologie, Gewebekunde der Pflanzen und Tiere, Nebenaugen einer Rochenart werden erstmalig beschrieben, die Wiedergeburt der Pflanzenformen aus ihrer kristallisierten Asche wird durch interessante Abbildungen belegt, »Korrespondenzen des menschlichen Körpers« gelangen zur Darstellung, und die Mathematik erfährt nachfolgende Würdigung: »Die unreinste Wissenschaft von allen, die Mathematik, ist auch ein Mädchen für alles geworden, das allen schlechten Zwecken dient, alle Irrtümer bestätigt, alle falschen Alibis bezeugt. Die Rechnung ist richtig ausgeführt, aber alle Posten sind falsch, erdichtete Beträge, Verwechslung von Soll und Haben, Auslassen von Schulden; mit einem Wort falsche Buchführung, aber richtige Zusammenzählung. Und diese Wissenschaft wagte sich mit der Religion zu messen! Sich den höchsten Dingen zu nähern, Gott im Himmel abzusetzen und sich selber auf den Thron zu setzen!« Letzteres deckt sich haargenau mit der Anschauung des Berliner Zoologen Prof. P. Deegener, der alles mathematische Bestreben innerhalb der Wissenschaft vom Leben schroff abweist.

Auf medizinischem Gebiet sind wir heute, dreißig Jahre nach Strindbergs »Blaubuch«, auch so weit, daß wir mit dem Sieg der biologischen Heilkunst über die allopathische Scholastik sowie ihre Hilfsmittel Vivisektion und Medikamentenindustrie Verständnis für Strindbergs Worte aufbringen: »Die Heilkunde sollte also darauf hinausgehen, die Ursache (eines Leidens) aufzuheben; das heißt, den krankhaften Veränderungen in Geweben, Gefäßen und Flüssigkeiten zuvorkommen ... Die Alten »sahen« am Habitus der Pflanze deren medizinische Eigenschaften: Signatura rerum. Aber ehe das Unglück geschehen ist, und besonders bei großen Epidemien, gibt es nur ein Mittel: das ist Vorbeugen oder sich immun halten. Sich also nicht in einen Zustand der Schwäche versetzen, indem man ausschweift, sondern in einen Zustand der Verteidigung. Das ist wohl die Summa summarum der Medizin. Die Krankheit wird dann zu einer Genesungsarbeit des Körpers, einer Gesundheitsmaßregel, die von der Heilkunde unterstützt wird ... Die Pflanzen arbeiten Serum aus, so daß alle Tierquälerei unnötig ist... « Klingt das nicht alles wie einer soeben erschienenen reformmedizinischen Zeitschrift entnommen? Und wenn es weiterhin, ein wenig gehässig, heißt: »Die Bakteriologie ist eine Suppe, die man nicht anrühren kann, ohne sich zu verbrennen«, so sehen wir die Berechtigung dieses Anspruches heute ebenfalls ein. Mit Strindbergs Theorie der »Serumpflanzen« setzen sich insbesondere die Homöopathen, vor allem Schlegel und seine Schüler, auseinander, ohne zu wissen, daß sie von Strindberg stammt – ein Schicksal, das leider vielen seiner Einfälle zuteil geworden ist.

Doch das »Blaubuch« schreitet weiter, wirft die Frage nach dem Wesen der »Nekrobiose« im Puppenstadium der Insekten auf, widmet zwei Kapitel dem Geheimnis des Storches und kritisiert unermüdlich den darwinistischen Alleswisseranspruch: »Als jetzt ihre Stammtafel aufgestellt werden sollte, fehlten hier und dort einige Ahnen; oft mußte man das Kind zum Vater machen oder zu einem Wechselbalg. Als Haeckel zu den Muscheln kam, versagte das System. Die Kette der Entwicklung riß. Statt vorwärts zu gehen, ging die Maschine rückwärts. Die Muschel war Schnecke gewesen, hatte aber mangels Fürsorge den Kopf verloren. Sie war im Kampf müde geworden und hatte sich in ihre Schale zurückgezogen, die sie in zwei verwandelte. Dann verlor sie ihre beiden Augen und Zähne (Reibscheibe). Aber »zum Ersatz«, bemerkt der Autor, haben sich jedoch viele Muscheltiere eine große Anzahl neuer Augen verschafft, die in einer langen Reihe an den beiden Rändern ihres weiten Mantels sitzen. Das nennt sich natürliche Schöpfungsgeschichte. Man »verschafft« sich eine Reihe schöner, seegrüner Augen für die beiden, die man verloren hat!« Ein alter Stoßseufzer aus »Sylva Sylvarum« wird wiederholt: »Als die Botanik die Gartenkunst verließ, verfiel sie zu einer wertlosen Wissenschaft; fiel so tief, daß ein heutiger Pflanzenbiologe wahrscheinlich niemals okulieren oder pfropfen gesehen hat, also nichts vom Saftsteigen weiß.« Bei aller Ablehnung moderner botanischer Forschung bekennt sich Strindberg um so begeisterter zu den älteren, vergessenen Meistern der Pflanzenkunde, Raspail und de Candolle. Bienenleben, Vogelstimmen und Vogelzug werden Gegenstand seines Forscherfleißes. Letzterem gelten die resignierenden, aber noch heute gültigen Worte: »Ich kann mit dem Zug der Vögel im allgemeinen schließen, indem ich Kolthoffs Worte über das Rohrhuhn zitiere: »Der Zug ist geheimnisvoll, und seine Geheimnisse sind noch lange nicht enthüllt!« Und auch in physiologischen Fragen wendet sich Strindberg den verewigten Meistern zu: »Genug: man weiß nicht viel von den Funktionen und Organen des Körpers. Wer wissen will, wie wenig man eigentlich weiß, von Körper, Krankheiten und Heilmitteln, lese das eine Meisterwerk des Berzelius: Tierchemie. Berzelius war nämlich Arzt, Chemiker, Pharmazeut, Botaniker auf einmal, aber er war auch noch etwas anderes ... Sein zweites Meisterwerk heißt Pflanzenchemie. Ich bin bereit, für diese beiden Behauptungen einzustehen: seit Berzelius und seinen Schülern ist kaum ein vernünftiges Wort in der Medizin gesagt worden, das aber mit Anmaßung!«

Zur Frage, ob der Hase ein teilweiser Wiederkäuer sei, werden Beiträge geliefert, ebenso zum Problem der Standortswahl bei Pflanzen: »Es gibt etwas, das man Ruderaten nennt; das sind Pflanzen, die auf Schutthaufen, Brandstätten, in Ruinen vorkommen. Nun sagt man so: der Samen von diesen Pflanzen treibt überall umher, keimt aber nur auf Schutt. Das ist nicht wahr; denn auf öden Schären keimt er auch, und gedeiht (Fries). Öde Schären sind besonders rein; das salzige Wasser des Meeres, Wind, Regen und Schnee halten sie frei von Schmutz. Es scheint also, als liebten die Ruderaten die Einsamkeit, das Verlassene, und nicht den Schmutz. Damit beginnt die Pflanzenpsychologie, und die Physiologie hört auf.« Immer wieder verlockt die Gehirnanatomie mit all ihren Rätseln zu neuer Bearbeitung, und wo es sich anbringen läßt, wird die Unsinnigkeit der biologischen Systematik an Hand vieler, meist botanischer Beispiele begründet. Zum Schluß muß sich die zeitgenössische Zoologie eine strenge, aber gerechte Auseinandersetzung gefallen lassen: »Am tiefsten auf der Entwicklungsstufe stehen gegenwärtig die Zoologen, da sie mit unbewiesenen Tatsachen, falschen Schlußfolgerungen, mangelhaftem Material und einer ganz unbegreiflichen Logik arbeiten. Alles Absurde, das sie der Theologie vorwerfen, haben sie selbst, und darum ist das Wort Zootheologie auch ausgesprochen worden, abwechselnd mit Theozoologie. – Der erste Glaubensartikel heißt: Die verschiedenen Formen von Pflanzen und Tieren sind nicht geschaffen worden. Nun müßte der Begriff schaffen erst definiert werden, aber das wird unterlassen. Man schiebt daher die hinterlistige Bedeutung »handgemacht« unter, da sie nicht mit der Maschine gemacht sind. Schaffen ist doch = hervorbringen, und der Urtext gebraucht das Wort B a r a, das ist F e r o, sowohl tragen wie gebären wie machen, hervorbringen bedeutend. Es ist also hervorgebracht, also weder mit der Hand noch mit der Maschine gemacht, sondern geboren. Dann geht die natürliche Geburtsgeschichte der Genesis allmählich weiter, von den niederen Tieren bis zu den höchsten, und dagegen hat Darwin nichts einzuwenden. Denn in der »Entstehung der Arten« schließt er sein Glaubensbekenntnis sehr schön so: »Es liegt Größe in dieser Ansicht, daß das Leben mit seinen verschiedenen Fähigkeiten vom S c h ö p f e r ursprünglich einigen wenigen Formen oder nur einer einzigen eingeblasen wurde; und daß ... von einem so einfachen Anfang sich die schönsten und wunderbarsten Formen entwickelt haben und sich noch immer bilden.« Das ist etwas anderes als die Äfflingslehre der Epigonen, die sagt, daß es sich selbst gemacht habe. – Und an einer anderen Stelle: »Für mich stimmt es besser überein mit dem, was wir von den Gesetzen kennen, die vom Schöpfer der Materie gegeben wurden, daß die Bildung und Zerstörung der früheren und gegenwärtigen Bewohner der Erde auf sekundären Ursachen beruhen, denen gleichartig, die Geburt und Tod der Individuen bestimmen.« Darwin reagierte also nicht gegen die Schöpfung, sondern gegen die »festen Arten«, eine Nebenfrage, welche die gelehrten Esel der damaligen Zeit zur Hauptsache gemacht hatten.« »Man konnte nicht mehr vorwärts und rückwärts scheiden, aber die Entwicklung ging doch weiter. In den geologischen Formationen fehlten Glieder, aber diese dachte man sich und stückte hier und dort an. Zuweilen wurden ältere Vorstellungen von einer barmherzigen und allweisen Vorsehung mitgeschleppt; und dann entdeckte man die schützende Ähnlichkeit. Die Vögel kolorierten ihre Eier, damit sie nicht zu sehen sind; gewisse Hautflügler verkleideten sich zu Schmetterlingen, um Friede zu haben (als wären wehrlose Schmetterlinge besser geschützt als bewaffnete Hautflügler). – Dieser ganze Mischmasch, der eine wissenschaftliche

Methode hätte sein können, wurde jetzt zur Wissenschaft selbst erhöht, mit dem Anspruch, daß das Welträtsel gelöst sei. Die unangenehmen Einzelheiten in dieser schlimmen Affäre habe ich schon in diesem Blaubuche entlarvt. Und sage jetzt lebewohl!«

Mit diesen Worten verabschiedet sich der Biologe August Strindberg von seiner Zeit, das Prophetenauge auf eine Zukunft gerichtet, die sich bereits zu verwirklichen beginnt. Sein »Blaubuch«, mehr als 1300 Seiten stark, ist aber nicht nur der Biologie, sondern nahezu jeder Wissenschaft unserer Epoche gewidmet, von Keilschriftkunde und Sprachforschung bis zur Chemie, Mathematik und Astronomie. Wenn man angesichts dieses Folianten und der geistigen Arbeit, die nötig war, ihn in solcher fast unvorstellbaren Vielfalt abzufassen, bedenkt, daß Strindberg darüber hinaus noch als Autor fünfzig weiterer, umfangreicher Werke seinen Platz in der Geschichte der Weltliteratur eroberte, muß man Ehrfurcht und Dankbarkeit einem Manne entgegenbringen, der zeitlebens ein schwer und schmerzlich Leidender geblieben ist. Die an der Biologie der Gegenwart Interessierten aber sollten, ermuntert durch das pünktliche Eintreffen Strindbergscher Prophezeiungen und durch die allenthalben erfolgende Bestätigung seiner Anschauungen, das Material sichten und seinen Ausbau anregen, das ihnen der große nordische Genius hinterließ.

Naturforschung im Alltag

Wenn nicht auch in dir ein Stückchen Forschertum lebendig wäre, hättest du nie mein Buch zur Hand genommen. Du willst ja nicht nur hören, was an Seltsamkeiten im Organismenreich verborgen ist, du willst nicht nur tastend die Hintergründigkeit des Seins zu entschleiern suchen – es drängt dich vielmehr, selbst zu schauen und, wenn möglich, zu entdekken.

Weil ich das weiß, mußtest du mir folgen durch das ein wenig verwilderte, aber herrlich große Reich, das ein Genie über den Gegebenheiten des Lebens errichtete. Wenn du Strindbergs Eigenwilligkeit beim Forschen und Finden betrachtest, mag es dir vielleicht scheinen, es befände sich in diesem biologischen Weltbild gar zu viel Persönliches, gar zu viel der Strindbergschen Umwelt Zugehöriges, das an sich keine Geltung habe.

Rühre nicht an das An-sich der Dinge! Wir würden in eine uferlose Philosophie hineintreiben. Auch für die Naturwissenschaft gilt die erkenntnistheoretische Grundtatsache, daß sie nicht – wie oft behauptet – voraussetzungslos ist, sondern die Forscherpersönlichkeit, den Menschen mit seinen Möglichkeiten und Unmöglichkeiten des Welterkennens, zur unumgänglichen Voraussetzung hat. Daran ändern weder Apparaturen noch komplizierte Zähl- und Meßverfahren, weder Mikroskopie noch Photographie auch nur das mindeste – denn all deren Ergebnisse müssen ja den Filter des Verarbeitetwerdens vom forschenden Menschen passieren. Ist dieser Mensch ein Genie, so wird sein Weltbild, auch sein wissenschaftliches, ein anderes Gesicht zeigen, als wenn er ein phantasieloser Nur-Fachmann ist. Es soll nichts gegen letzteren Typ gesagt werden, er ist als Zusammenträger des notwendigen Materials von unschätzbarem Wert. Nur bleibt das noch so sorgsam zusammengetragene Material solange sinnlos, bis ein Baumeister kommt.

Baumeister sein zu dürfen, ist ein Geschenk. Sammelarbeit hingegen kann jeder Mensch leisten, der wach und guten Willens ist. Bedenke in diesem Zusammenhang, daß die großartigsten Gebäude nicht immer die zweckmäßigsten sind. Die Pyramiden, das Colosseum, der Kölner Dom und das Schloß Sanssouci werden, was Zweckmäßigkeit betrifft, von jedem Polizeigefängnis übertrumpft. Aber bleibst du bewundernd vor Polizeigefängnissen stehen?

Soviel zu Strindbergs biologischem Weltbild. Die innere Richtigkeit entscheidet auch in der Wissenschaft, nicht die gewaltsame Ärmlichkeit verbindender Gedanken, die oft als Nüchternheit gilt. Nur muß das verarbeitete Tatsachenmaterial einwandfrei sein, sonst stürzt der Bau über kurz oder lang in sich zusammen. Das entspricht der Forderung qualitativ unantastbaren Baumaterials im Bereich der Architektur. Aus Pappmaché ist kein Dom zu erbauen.

Jedes wissenschaftliche Weltbild ist Ausdruck des Geistes, der seinen Schöpfer erfüllte, und somit des Zeitgeistes, dem der Schöpfer auch dann zugehörte, wenn er gegen die Mehrheit seiner Zeitgenossen stand und nur aus dieser Opposition heraus zu Stoßkraft gelangte. Oft wählt der vorwärtsdrängende Zeitgeist gerade solche Persönlichkeiten zu Offenbarern dessen, was die nahe Zukunft zu gestalten berufen ist.

Wenn du dich der Naturforschung zuwenden willst – nicht beruflich, sondern im Alltag und aus Leidenschaft -, so mußt du Mut zu dir selber haben. Kennst du die Grundwahrheit der Umweltlehre, dieser wichtigsten Erkenntnis moderner Biologie? Sie lautet in der Formulierung ihres Schöpfers, des Hamburger Zoologen Prof. Jakob von Üxküll: »Jedes Tier, aber ebenso jeder Mensch, wird allseitig von seiner Umwelt umschlossen, die seine Dinge, seinen Raum und seine Zeit enthält. Er lebt in einer für ihn alles umfassenden Seifenblase, die mit ihm entsteht, mit ihm sich verändert und mit ihm verschwindet. Das Gesetz des Werdens und Vergehens dieser Seifenblasen zu ergründen, ist das letzte Ziel der Biologie.«

Hierüber sollst du einmal lange nachdenken. Mit Goethes Worten: »Dir kannst du nicht entfliehen!« Versuch es erst gar nicht. Wärst du Naturforscher von Beruf, würde ich dir raten, die Welt aufzufassen, als ob sie so beschaffen wäre, wie sie sich für dich ereignet. Nur Fachgelehrte von außergewöhnlichem Format vermögen mit der Bedingtheit menschlichen Erkennens als darum Wissende fertig zu werden und dennoch den Forderungen strenger Wissenschaftlichkeit zu genügen. Dem Laien fällt es leichter, das Traumhafte der Welt zu ahnen, ohne die Freude am Forschen einzubüßen.

Der Laie ist überhaupt in mancher Hinsicht bevorzugt beim Beobachten und Deuten der Naturerscheinungen. Die Vorurteile der Wissenschaft, die nur so schwer auszurotten sind, engen ihn nicht ein, er bleibt unbefangen. Und die immer weiter fortschreitende Komplizierung der Methoden belastet ihn gleichfalls nicht. Offene Augen sind das wertvollste Rüstzeug und durch nichts zu ersetzen.

Andererseits hat die Laienforschung ihre Fußangel: Die Gefahr der Halbbildung. Halbbildung ist nicht ein geringes, sondern ein schiefes Wissen. Es entsteht, wenn Autoritätsglaube und Denkfaulheit sich paaren. Der Wechselbalg, der in solchen Fällen das Dunkel einer unerfreulichen Welt erblickt, hat zähes Leben. Dennoch muß er ausgerottet sein, bevor wahre Naturerkenntnis zu atmen und zu wachsen beginnt.

Daher die erste Regel für Naturforschung im Alltag: Übernimm nie, nie, nie auch nur die geringste Kenntnis in dein Weltbild, die nicht zugleich eine Erkenntnis ist! Einzig was du gesehen und eingesehen hast, darfst du dir zu eigen machen – und wäre das anfangs noch so wenig. Wenn dich ein Buch oder ein Vortrag zu überzeugen scheinen, so tritt an den Gegenstand, der dort abgehandelt wurde, mit offenem Blick heran und schau nach, ob das in der Tat so ist. Wenn dir erzählt wurde, Säuglinge, die man an ein Reck hängt oder an den Armen trägt, krümmen den Fuß zusammen und das sei ein Ahnenmerkmal des äffischen Greiffußes, so betrachte eine Hauskatze, die ihr Junges im Maul umherschleppt. Die Füße des Jungen sind ebenfalls zusammengekrümmt, ohne Greiffüße zu sein und sich äffischer Herkunft zu erinnern. Nun weißt du mehr, als der, von dem du dich belehren lassen wolltest und der andere Menschen, die weniger wach beobachten, gar überzeugt hat.

Damit soll nicht der Rat gegeben sein, von vornherein skeptisch an jegliche Veröffentlichung heranzutreten. Falsche oder gar gefälschte Tatsachen werden heute nur noch selten in Umlauf gebracht, obwohl auch das vorkommt. Nur wo es sich um Deutungen handelt, hat die unvoreingenommene Beobachtung und der Vergleich mit verwandtem Material zu entscheiden, ob dem Deuter zugestimmt werden darf oder nicht. Es gibt im Alltagsleben nahezu überall Gelegenheit, die Augen offen zu haben, und überall wimmelt es von Geheimnissen, die die Frage: Warum? herausfordern, diese Frage, mit der jede Wissenschaft beginnt.

Deshalb verlerne nie das Fragen und das Staunen! Geh davon aus, daß der weitaus größere Teil dessen, was die Welt um uns her aufbaut, noch durchaus unerklärt ist. Der Dichter Christian Morgenstern verleiht einmal seiner Freude Ausdruck, daß unser Verstand von Kindheit an die Welt gewöhnt sei – sonst würde das Wunder eines einzigen Baumes hinreichen, ihn zu vernichten.

Das Gefühl, es gäbe Unerforschtes nur in fernen Ländern oder in wissenschaftlichen Bezirken, die dem Laien unzugänglich sind, ist irrtümlich. Ich war am Anfang meines zoologischen Studiums dem gleichen Irrtum unterworfen und glaubte, nur eine Beschäftigung mit Tieren entlegener Zonen könne zu neuen Ergebnissen führen. Deshalb nahm ich meine erste wissenschaftliche Arbeit als Untersuchung über südafrikanische Antilopen in Angriff. Materialmangel zwang mich, dies Unterfangen sehr bald aufzugeben. Nun erst wagte ich mich an das genau Entgegengesetzte heran und arbeitete über Tiere, die vor meiner Tür, in meinem Garten und bei jedem Spaziergang zu finden waren, über Kellerasseln. Drei Jahre lang hatte ich zu tun mit der Erforschung des Kellerassellebens in der Weltstadt Berlin. Und als die Arbeit abgeschlossen war, hatten sich siebenundzwanzig Arten als Bewohner meiner engsten Heimat feststellen lassen. Über deren Beziehungen zu ihrer belebten und unbelebten Umwelt war sicher weit mehr Wesentliches zu erarbeiten gewesen, als es bei den südafrikanischen Antilopen hätte der Fall sein können. Du siehst also, es gibt weder »die« Kellerassel, noch ist das Tierleben dicht bei uns bereits »erforscht«.

Aber weiter: Nach Abschluß meiner Assel-Arbeit wandte ich nun nicht etwa diesen Tieren den Rücken, sondern blieb ihnen treu. Wo ich hinkam, sammelte ich Kellerasseln – insbesondere an Orten, die vorher noch nicht abgesammelt waren. Eines Tages erbat ich mir die Erlaubnis, im Krokodilraum des Berliner Aquariums Tausendfüßler für den Münchener Forscher Dr. Verhoeff suchen zu dürfen. An solchen Stätten pflegt es von eingeschleppten Kleintieren zu wimmeln, und so erbeutete ich neben den gesuchten Tausendfüßlern auch noch kleine, hellgraue Asseln, die mir unbekannt waren und die nun sogleich per Post an Dr. Verhoeff, den erfahrensten Assel-Kenner der Welt, der sich seit einem halben Jahrhundert mit diesen und anderen, wenig beachteten Tieren beschäftigt, abgesandt wurden. Zu meiner großen Freude erwies sich die aufgefundene Art als bisher unbekannt. Sie wurde, obgleich mir nur das geringe Verdienst des Sammelns zukam, nach mir benannt.

Ich erzähle dir das, um dir zu zeigen, daß selbst der Berufszoologe noch vielerlei Arbeitsmöglichkeit hat, wenn er sich den Tieren seiner nahen Umwelt widmet. Wenn es dich beruhigt, sei dir in diesem Zusammenhange auch gesagt, daß ich vorwiegend daheim und unter absichtlichem Verzicht auf Instrumente und unnötig komplizierte Methoden arbeitete und arbeite. Ich verehre die mit allem Aufwand an technischem Fortschritt arbeitende Experimentalzoologie aufrichtigen Herzens, zumal wir ihr – besonders im Bereich der Entwicklungsgeschichte vom Ei bis zum fertigen Jungtier – grundlegende Erkenntnisse über das Walten der Entelechie verdanken, Erkenntnisse, die uns zeigen, daß die Einzelzelle des Keims in frühen Entwicklungsabschnitten eine weit über den ihr ursprünglich zugedachten Plan hinausgehende Vielfalt der Möglichkeiten besitzt. Leider ist, geblendet durch die Glanzleistungen der Laboratoriumszoologie, das unbefangene Naturbeobachten eine Zeitlang ins Hintertreffen gekommen. Ja, es wurde sogar Mode, jede, aber auch jede wissenschaftliche Arbeit mit ganz unnötigen Tabellen, Kurven und Statistiken zu belasten, so daß die Mühe, sich durch Schriften von derart künstlicher Komplikation hindurchzulesen, meist in keinem Verhältnis zum daraus zu erwerbenden Gewinn an Naturerkenntnis stand. Inzwischen hat sich auch dies gebessert. Je weniger du dich verblüffen läßt durch rein formale Aufzäumung, desto mehr wirst du an Wissen und an Fähigkeit zu sachlichem Urteil gewinnen.

Dafür ein Beispiel: Vor vielen Jahren ist ein Zoologe auf den grotesken Einfall gekommen, sich mit einem Sammelglas voll Alkohol zu bewaffnen und in freier Flur wahllos jedes Tier, das ihm über den Weg lief – Fliegen, Spinnen, Käfer, Asseln, Würmer, Schnecken, alles durcheinander – in dieses Glas hineinzustopfen. Das tat er täglich eine Stunde lang. Zu Hause wurden die gefangenen Tiere dann bestimmt und ausgezählt. Es ließ sich nun eine Statistik aufstellen, die Auskunft über die Häufigkeit einzelner Arten gab.

Ich sehe dich lächeln. Du meinst, um die zahlenmäßige Überlegenheit der Julikäfer auf einem abendlichen Vorstadtgelände festzustellen, brauche man nicht während einer Stunde hundert und mehr dieser Tiere zu fangen und zu töten. Ich bin ganz deiner Meinung. Aber du darfst nicht vergessen: Wenn man bei diesem Julikäfer-Massenfang auch einige grünliche Florfliegen erwischt, so läßt sich das prozentuale Verhältnis der während einer Stunde getöteten Käfer zu den Florfliegen errechnen und in Form einer Tabelle oder eines Bruches veröffentlichen. Zahlen wirken immer sehr »wissenschaftlich«, Tabellen desgleichen.

Ach, wie die Natur jeglicher Statistik spottet! Kein Wunder, daß zum Beispiel Verhoeff auf Grund seiner in vielen Ländern Europas erworbenen Sammelerfahrung das Stundenfangsystem scharf ablehnt, desgleichen der Berliner Zoologieprofessor Deegener, der seit Jahrzehnten für Freilandbeobachtung und Naturschutz kämpft. Der schnell und der langsam sammelnde, der gut- und der schlechtaufgelegte Forscher, das trockene und das verregnete Wetter, ferner die schwierige Erbeutung versteckter Tiere im Gegensatz zu frei herumsitzenden, das Auffallen großer und das Entwischen winziger Arten – all das sind Tatsachen, die eine Stundenfang-Statistik völlig abhängig machen und ihr den Stempel einer erquälten, aber recht fragwürdigen »Exaktheit« aufdrücken.

Wenn du über die Klärwiese eines Rieselfeldes gehst und dort die Fallaub- und Humusfladen emporhebst, wimmeln graue Asseln nach allen Seiten hin. Es sind, wie du dich bald überzeugen kannst, in der Überzahl Tiere mit Kuglungsvermögen. Einige andere gehören der nicht kuglungsfähigen Art an, die jenseits menschlicher Siedlungen zu den häufigsten Freiland-Asseln zählt. Sollst du nun all die Tiere, die du während einer Stunde ergreifen kannst, ganz sinnlos töten und mitschleppen, um mit Zahlen aufwarten zu können? Welchen Wert hätte das? Wenn einige Forscher das dennoch tun und sich Ergebnisse davon versprechen, mag es im Rahmen fachlicher Veröffentlichungen geschehen – aber es braucht dir nicht zu imponieren. Imponieren soll dir nur ein Resultat, niemals die Aufmachung, mit der es veröffentlicht wird. Und du kannst bald entdekken, daß wissenschaftliche Großtaten in der Regel mit einer Methode verwirklicht wurden, die einleuchtet und deshalb auf jegliches Brimborium Verzicht leisten kann.

Ich spreche zu dir von wissenschaftlichen Arbeiten – und du findest, es wäre besser, ich führte dich statt dessen mitten hinein in die Tierwelt deiner nächsten Umgebung. Aber du willst doch nicht – um mit dem Barockdichter Brockes zu sprechen – »irdisches Vergnügen an Gott« erlangen in Stunden der Erbauung angesichts des Marienkäfers und des dahinhüpfenden Frosches, sondern es drängt dich Forscherfreude. Zu bloßem Genießen bedarf es keiner Schulung des Geistes, es genügt ein empfindsames Herz. Doch wenn du die Absicht hegst, dir ein eigenes Naturerkennen zu erobern, so mußt du wohl oder übel die Sprache lernen, mit der sich unsere Zeit über dergleichen Dinge verständigt.

Dazu gehört, daß du jedes Tier, an dem dein Interesse wach wird, benennen lernst. Du sollst dich deshalb nicht fangen lassen von Meinungen und Standpunkten, nein! Aber die Geduld mußt du aufbringen, das Bestimmen von Tieren zu erlernen. Deutschland verfügt über eine vielseitige und ausgezeichnete Literatur an Bestimmungsbüchern. Hier sind Tabellen unumgänglich nötig. Das Bestimmen ist keine Intelligenz- sondern eine Geduldsleistung, zugleich schult es die Beobachtungsgabe und macht dich aufmerksam auf Einzelheiten am Tier, die du vielleicht übersehen hättest. Sicher ist es nicht ratsam, mit der Bestimmung von Arten anzufangen, die eine mikroskopische Untersuchung ihrer Einzelteile fordern. Im allgemeinen kommst du mit dem einzigen Instrument, das wirklich unentbehrlich ist, aus: mit der Lupe. Der verstorbene Prof. Franz Eilhard Schulze pflegte zu sagen, daß ein Zoologe mit der Lupe geboren sein müsse.

Das ist aber fürs erste dein einziges Rüstzeug. Zwei Ratschläge will ich dir mitgeben, wenn du beides erwirbst. Kaufe kein Bestimmungsbuch, das nur die häufigsten Arten enthält, denn dann laufen dir mit Sicherheit die weniger häufigen über den Weg. Wenn deine Bestimmungstabellen nicht vollständig sind, sind sie auch nicht vollwertig. Deshalb bemühe dich, Einzelbearbeitungen der Tiergruppe, die dich fesselt, zu erlangen, und kein allgemeines, aber lückenhaftes Tierbestimmungsbuch. Überzeuge dich vor dem Kauf, daß das Buch eine Einleitung besitzt, die dich mit dem Bau der betreffenden Tiere und den Fachausdrücken, die für sie geprägt worden sind, vertraut macht. Du brauchst vor Fachausdrücken keine Angst zu haben, sie sind meist prägnanter als volkstümliche Benennungen und stellen innerhalb der Bestimmungsliteratur eine Art Kurzschrift dar, die dir umfangreiche Beschreibungen erspart, durch die du dich sonst hindurchlesen müßtest.

Wenn du eine Lupe kaufst, so kaufe kein Brennglas. Optische Instrumente sind teuer, aber machen sich bezahlt. Zeiss, Leitz, Goertz oder andere Weltfirmen garantieren dir volle Brauchbarkeit der von ihnen gelieferten Instrumente. Eine zehnmalige Vergrößerung ist zu empfehlen.

Genug davon. Nun hinaus und Augen auf!

Ich nehme an, daß du, während du meine Worte liest, schon einmal in meinem Buch geblättert hast, ob Staubläuse oder gar ein Bücherskorpion darin umherlaufen. Oder hast du geglaubt, weil das Buch neu sei, wäre das nicht anzunehmen? In der Naturwissenschaft ist Glauben und Annehmen weniger wichtig als wachsames Schauen. Gewiß leben die genannten Tiere eher in alten Schwarten, aber sie können ja beim Buchhändler oder in deinem Schrank soeben weitergewandert sein. Warum also benützt du nicht sogleich die Gelegenheit, deine Formenkenntnis zu erweitern? Ich mache eine Pause und überlasse dich deiner Forscherfahrt zwischen bedruckte Seiten. –

Nichts gefunden? Das wird dir noch oft so gehen. Aber wach mußt du sein, sonst findest du selbst dann nichts, wenn es lohnend wäre.

Du gehst des Abends über die Straße. Eine graue, gekörnte Kellerassel wandert zu deinen Füßen, den Bürgersteig querend. Heb sie auf und trage sie ins Licht der nächsten Laterne, um auf der Unterseite die weißen Körperchen zu sehen, die dem Tier das Luftatmen vermitteln. Vielleicht ist es ein Weibchen mit Brutbeutel. Nun die Lupe zur Hand genommen! Eier oder Embryonen kannst du durch die zarten Wandungen des Brutbeutels schimmern sehen. Das ist viel mehr, als wenn du dir davon erzählen läßt.

Beim Weg durch den Park stoppt neben dir ein Radfahrer. Eine kleine Blaumeise ist ihm in die Speichen geflogen und liegt nun sterbend im Staub. Es wäre nett von dir, wenn du ihr den Tod durch rasches Zusammendrücken des Halses erleichterst. Armes Tierchen! Nimm es mit, suche nach Federlingen in seinem Gefieder und sieh dir diese winzigen Insekten an. Jetzt kennst du sie und bist künftig im Besitz einer Vorstellung, wenn von ihnen die Rede ist.

Wo, auf Dachböden oder in alten Speichern, Fledermäuse wie verstaubtes Backobst überwinternd an der Decke hängen, nimm eine Leiter und hake sie vorsichtig ab. In ihrem Fell findest du die flügellosen, puppengebärenden Fliegen, die nach Art der Läuse leben.

Hast du einen Hund? Suche ihn nach Zecken ab, wenn du mit ihm im

Wald herumgestreift bist. Du tust ihm und dir einen Gefallen damit. Die Zecke ist ein besonders schönes Beispiel für die Umwelt-Lehre des Zoologen von Üxküll. Aus der Tausendfalt aller Welten-Dinge gibt es für sie nur drei wichtige Wahrnehmungen: Lichtsinn der Haut, um emporzuklettern; Empfänglichkeit für den Buttersäuregeruch des Säugetierschweißes, um sich fallen zu lassen; Temperaturgefühl, um zu saugen, wenn die Unterlage, auf die sie fiel, warm und somit ein Säugetier ist. Wie klein ist die Zeckenwelt! Ohne Himmel und ohne Jahreszeiten, ohne Bilder und ohne Laute – nur ein wenig Helldunkel, einen Hauch Schweißgeruch und das Gefühl für warme Haut enthaltend. Nimm ein kleines Buch aus meiner Bibliothek mit, das Prof. von Üxküll über seine Umweltlehre schrieb. Es heißt »Streifzüge durch die Umwelten von Tieren und Menschen«. Du kannst daraus lernen, worauf es beim Naturbetrachten ankommt, nämlich die Lebewesen aus ihrer eigenen Welt heraus zu verstehen und nicht aus der deinen.

Da wir gerade vor meiner Bibliothek stehen, gebe ich dir noch einige Arbeiten mit, die Prof. Max Westenhöfer über Abstammungsfragen schrieb. Du sollst sie lesen, weil sie für dich eine einzigartige Schule des unbefangenen und aufrichtigen Forschens darstellen. Beginne mit dem »Problem der Menschwerdung« und gehe dann zu den spezielleren Arbeiten über. Auch wenn dir aus den rein anatomischen Darlegungen noch Verständnisschwierigkeiten erwachsen, kannst du eins ersehen und in dein eigenes Weltbild übernehmen: Gelegenheit zum Forschen und Fragen ist überall gegeben! Ein Säugling, der auf dem Bauch liegt und sich aufrichtet; eine Anzahl Leichtathleten beim Start zum Hundertmeterlauf; ein Bärenbaby, das stehend aus der Flasche trinkt; das Antlitz eines jungen und eines alten Schimpansen im Zoo – dies und vieles andere Alltägliche wird bei Westenhöfer zu einem Beweismaterial für die Eigenlinie der Entwicklung des Menschen, das ihm kein Gegner zu rauben vermag. Sind die Bücher der Entwicklungstheoretiker aus der Stammbaumzeit Dokumente des Spekulierens, so sind Westenhöfers Arbeiten eine Schule des Sehens. Das ist der Grund ihres Erfolges. Dacqué bildet einmal – als typisches Beispiel – ein Stammbaumschema ab, wie es vor Jahrzehnten allenthalben in der Literatur zu finden war. Vom Affen zum Menschen klare Verbindungslinien über alle möglichen Zwischenstufen hinweg. Und nun setzt er daneben das gleiche Schema, nur mit dem Unterschied, daß alle Formen und Verbindungslinien, die nicht aus dem Tatsachenmaterial, sondern aus Annahmen und Konstruktionen stammen, punktiert wiedergegeben sind. Ergebnis: Nahezu der ganze Stammbaum besteht aus punktierten Linien, erweist sich also als reine Spekulation, während das tatsächlich vorhandene Material keinerlei wirkliche Verbindung miteinander aufweist. Damit wollte Dacqué aufzeigen, wie leichtfertig und willkürlich die Stammbaum-Theoretiker arbeiteten. Es ist in der Tat so.

Bei Westenhöfer kannst du nun lernen, daß im Vordergrund das nackte Tatsachenmaterial zu stehen hat, und daß nur ein unbefangener Blick dieses Material einzuordnen imstande ist in ein stichhaltiges Weltbild. Nirgends findest du Spekulation und Konstruktion, nichts brauchst du zu glauben, denn an Hand der Abbildungen wirst du aufgefordert, alles selbst zu schauen und zu prüfen. Ich gebe dir diese Arbeiten nicht wegen der darin vertretenen Lehre von der Eigenlinie der Entwicklung mit, sondern zum Zweck einer Schulung in wissenschaftlicher Sauberkeit. Ich zweifle nicht daran, daß dir nebenher der Wahrheitsgehalt dessen, was darin an Naturerkenntnis steckt, zum Erlebnis werden wird. Dann wirst du auch verstehen, daß von Jahr zu Jahr mehr Forscher zum Standpunkt Westenhöfers vordringen – und daß seine Gegner sich genötigt sehen, statt ihn zu widerlegen, Abstimmungen zu veranstalten, womit aus der darwinistischen Abstammungs- eine Abstimmungstheorie geworden ist.

Du wirst mir dankbar sein, daß ich dir Gelegenheit zum Studium dieser Veröffentlichungen gab, denn jeder Naturwissenschaftler, auch der Laienforscher, wird entscheidend geprägt durch den ersten Unterricht, den er genoß, und durch den ersten Lehrmeister, zu dessen Füßen er saß.

Mancherlei mag dir unverständlich erscheinen, wenn du in wissenschaftlichen Spezialarbeiten oder Zeitschriften liest. Aber laß dich nicht schrecken. Es gibt einen Fehler, den sehr viele Menschen immer wieder begehen und der wie kein zweiter von wahrer Forscherfreude fernhält: zu glauben, daß man erst »Grundlagen« haben müsse. Du siehst auf den Lilien in deinem Garten ein rotes Käferchen sitzen. Kaum hast du es ergriffen, hörst du es deutlich zirpen in deiner Hand. Der Käfer stößt einen kleinen Schrei aus, dann noch einen. Seltsam, denkst du, ein Käfer, welcher schrillende Geräusche hervorbringt! Nun solltest du das Tier mit nach Hause nehmen und bestimmen. Und solltest dir Gedanken machen, wie das Zirpen zustande kommt. Aber in dir werden Einwände wach: Erst muß ich ein zoologisches Lehrbuch durchgearbeitet haben, um im Besitz eines Gesamtüberblicks zu sein. Dann fehlt mir noch so viel an Allgemeinkenntnissen vom Käferleben. Die Biologie der Tierstimmen und Tierlaute ist für mich noch unbekanntes Land. Wie sollte ich die Art der Stimmerzeugung dieses Käfers begreifen, wenn ich nichts von Insektenanatomie weiß. Und so weiter.

Ich kenne eine Anzahl weit interessierter und geistig wacher Menschen, die aus solcher unangebrachten Gewissenhaftigkeit heraus zu ewigem Steckenbleiben verurteilt sind. Sie wollen zuerst ein kurzgefaßtes Lehrbuch der Tierkunde bewältigen. Gleich im ersten Kapitel ist von der Chemie des Protoplasmas die Rede. Sie wissen nichts von Chemie, legen das Buch beiseite und befassen sich zunächst mit einer Einführung in die organische Chemie. Bald merken sie, daß dort die Kenntnis der anorganischen Chemie vorausgesetzt wird. Also kommt jetzt diese an die Reihe. Da physikalische Grundkenntnisse gefordert werden, landen sie alsdann bei der schiefen Ebene und schließlich beim Lehrsatz des alten Pythagoras.

Es ist dies keineswegs eine karikaturistische Darstellung. Systematische Gemüter gibt es immer. Sie werden nie bis zum zirpenden Käfer, dem Lilienhähnchen, vordringen. Sie bauen ihr Weltbild »solide« auf und haben zum Ende ihres Lebens gelernt, was zwei Generationen vor ihnen gelehrt wurde.

Du sollst es anders machen und dort beginnen, wo dein Interesse wach wird. Wenn dies Interesse wachbleibt, dann kann es geschehen, daß du, vom Lilienhähnchen ausgehend, allerdings in ganz anderen Bezirken der Naturforschung landest, als anfangs deine Absicht war. Aber nicht, weil du »Grundlagen« brauchst, sondern weil neue Probleme auftauchen, weil du gezwungen bist, dir neuartige Gedanken durch den Kopf gehen zu lassen.

Ist es schon für den Berufs- und Spezialforscher nicht ratsam, zaghaft zu sein und vor Bedenken nicht zum Schauen und Fragen zu kommen, so ist eine derartige Einstellung für den naturforschenden Laien geradezu unmöglich. Aus diesem Grunde sollst du getrost bei allem, was dich fesselt und beschäftigt, an die Fachliteratur herantreten und keine Sorge haben, wenn du streckenweise nicht folgen kannst. Das Lehrbuch der Zoologie, das du dir angeschafft hast, ist für dich in erster Linie ein Nachschlagewerk, und daneben muß ein ausführliches zoologisches Wörterbuch stehen. Mit beidem ausgerüstet, kannst du ohne Furcht an Originalarbeiten herangehen, wenn du Information brauchst.

So wie du in den Naturwissenschaften stets das lebende Objekt betrachten mußt und dann erst das tote, zergliederte, ja, oft genug auf letzteres überhaupt verzichten kannst, so sollst du auch bei der Beschäftigung mit naturwissenschaftlicher Literatur direkt an die Quellen gehen. Darstellungen dieser Quellen durch Dritte setzen dich stets der Gefahr aus, Entstelltes oder Unverdautes geboten zu bekommen.

Ich kann dir dazu eine Geschichte aus meiner Studienzeit erzählen: Einer unserer Zoologieprofessoren hatte weitgehende naturphilosophische Interessen und hielt aus diesem Grunde ein Kolloquium über Naturphilosophie ab. Er war Anhänger des großen Schopenhauer und als solcher ein Feind jeder Kathederphilosophie. Nun war der Lehrstuhl für Naturphilosophie aber an einen Physiker vergeben, den es ärgerte, daß ein Zoologe in sein Lehrfach hineinzureden wagte. Aus diesem Grunde erschien er eines Tages als Zuhörer in unserem Kolloquium. Der Zoologieprofessor benützte die Gelegenheit, um ganz besonders auf die Kathederphilosophen zu schimpfen und jeden Studenten vor dem Besuch von Vorlesungen zu warnen, in denen über das Weltbild unserer großen Denker vorgetragen wird. Nur die Originalwerke dieser Denker seien wert, gelesen zu werden. Hinterdrein meldete sich nun der Lehrstuhlinhaber für Naturphilosophie zum Wort und protestierte. Es wäre durchaus in Ordnung, wenn dem Studenten das Weltbild eines Philosophen vom Katheder her erläutert wird, denn die meisten Denker wären ohne eine solche Interpretation nur allzu schwer verständlich. Insofern sei es ein Unrecht, vor dem Besuch philosophischer Kollegs zu warnen. Nie werde ich die klassische Antwort vergessen, die unser Zoologe daraufhin erteilte: »Wenn ich meinen Studenten eine Pflanze zeigen will, führe ich sie selbstverständlich zu dieser Pflanze selbst und nicht zu dem Haufen Spinat, den sich vorher ein Ochse durch den Darm gejagt hat.«

Gewiß, diese Formulierung ist eines Schopenhauer würdig, was Grobheit betrifft. Aber auch bezüglich ihrer Richtigkeit. Und deshalb sage ich dir dasselbe: Tritt vor die Pflanze. Lies die Originalliteratur! So nur kannst du dir ein Bild von dem machen, was ein Forscher in Wahrheit vertritt.

Literatur aber ist immer nur ein Mittel zur Orientierung und zum Aufreißen weiterer Fragenkomplexe, nachdem die eigene Beobachtung und das selbständige Fragenstellen vorgebaut haben. Frage, frage, frage! Meist wird die Natur antworten – und erst, wo es dir selbst nicht gelingen will, ihr eine Antwort abzulauschen, sieh dich um, ob andere Menschen dies besser verstanden.

Laß dich aber nicht abspeisen durch bloßen Namenszauber. Du ergreifst einen Marienkäfer. Er stellt sich tot, zieht die Beine ein, bleibt reglos liegen. Nach einem Weilchen angelt er mit den Beinen in der Luft umher, bis er Boden zu fassen bekommt, sich umdreht und weiterläuft. Wenn dir nun ein Insektenkundler erklärt, dies sei Thanatose, so bilde dir nur nicht ein, er wisse etwas darüber. Er weiß nur ein griechisches Wort für Totstellen, das ist alles. Du wirst bald dahinterkommen, daß sehr viel Gelehrsamkeit im Wissen solcher Worte, die für Erklärungen ausgegeben werden, besteht.

Anders ist es, wenn du den Marienkäfer länger festhältst und nun auf deinen Fingern gelbliche Flecke bemerkst. Das ist reflektorische Blutung, sagt der Tierkundige neben dir. Hier geschieht nicht nur Namenszauber. Du erfährst wirklich etwas, nämlich daß die gelben Flecken Blut des Käfers sind, das er durch einen Reflex austreten ließ. Dies Blut ist von üblem Geschmack und schützt ihn vor Feinden. Also lerne unterscheiden zwischen wertlosen und wirklich erklärenden Fachausdrücken.

Oft tauchen Fragen auf, die sich nur durch Beobachtung lösen lassen und zu deren Lösung dir einfach die Beobachtungsmöglichkeit fehlt. In solchen Fällen ist eine Erkundigung bei Erfahrenen angebracht. Es wird dir nie passieren, daß ein Wissender dir Auskunft verweigert. Museen, Institute, zoologische Gärten, die Schriftleitungen der Zeitschriften auf naturwissenschaftlichem Gebiet und jeder einzelne Gelehrte erweisen sich stets als bereitwillig und oft sogar erfreut, wenn du mit Beobachtungen und Anfragen an sie herantrittst, von denen du annehmen darfst, daß sie nicht unwesentlich oder banal sind. Du stehst im zoologischen Garten vor dem Elefanten. Du siehst seine gewaltigen Beinsäulen und betrachtest nachdenklich die geringe Beweglichkeit des Rumpfes. Da entdeckst du, daß das Weibchen, die Elefantenkuh, ihre Zitzen zwischen den Vorderbeinen trägt, im Gegensatz zu Pferd und Rind. Und nun kommen dir Gedanken über die Fortpflanzungsbiologie dieser Riesen. Da taucht die Frage auf, wie sich Elefanten eigentlich begatten mögen. Der ungelenkige und schwere Koloß kann doch mutmaßlich kaum die bei Säugern üblichen Begattungsbewegungen ausführen. Eine sehr berechtigte Frage! Du brauchst dich ihrer keineswegs zu schämen, daß müßten weit eher diejenigen tun, die gedankenlos am Elefantenpaar vorübergehn. Nun kannst du aber nicht wochenlang warten, ob du das Glück hast, Augenzeuge einer Elefantenhochzeit zu werden. Also fragst du den Wärter. Und er teilt dir mit, daß in der Tat der schwere Elefantenkörper ungeeignet ist, sich im Sinne einer Begattung zu bewegen, aus welchem Grunde das männliche Begattungsorgan im Gegensatz zu dem anderer Säuger wurmartige Suchbewegungen ausführt und, nachdem es auf diese Weise seinen Weg gefunden hat, durch Eigenbewegung die ausfallende Gesamtkörperbewegung ersetzt. Die eigentliche Vereinigung dauert nur zwanzig Sekunden, dann sinkt das männliche Tier vom Rücken des Weibchens herab.

Zu Einzelbeobachtungen und daraus sich ergebenden Fragen hast du immer und überall Gelegenheit. Dennoch wird sich auch bei dir ein Sondergebiet ergeben, das dich öfter anzieht und über dessen Rätsel du stets von neuem nachdenkst. Da heute sogar die Berufsforschung vom einseitigen Spezialistentum abrückt und wieder Persönlichkeiten zu schätzen weiß, deren Blick über das Allerengste hinausreicht, wirst du als Außenstehender erst recht nicht versäumen, ungeachtet der Teilnahme an Sonderproblemen die Augen offen zu behalten für all und jedes, das wert ist, Gegenstand der Beobachtung zu sein.

Ein solches Sondergebiet für die Entfaltung deiner Forscherfreude kann eine bestimmte Tiergruppe, die dich anzieht, sein – aber ebensogut irgendein Lebensraum mit der Gesamtheit seiner Bewohner. Du kannst ja ganz klein anfangen, mit völlig abwegig erscheinenden Zielen. Ich schlage dir – als Beispiel für Unbearbeitetes – folgendes vor:

Es ist eine üble Vorstadtsitte, mit Reißzwecken an Bäumen und Zäunen Zettelchen anzuschlagen, auf denen Verkaufsangebote oder sonstige Mitteilungen stehen. Hier ist ein Wellensittich entflogen, abzugeben bei Müller, und dort ein Kinderwagen zu verkaufen, erfragbar bei

Schulze. Jeder Abendspaziergang zwischen Kleingärten und Bauzäunen führt dich an vielen solcher Zettel vorbei, von denen die Mehrzahl bereits vergilbt, ausgefahlt und zerfetzt ist. Wenn du die Zettel ablöst, hockt dahinter kleines Getier aller Art. Spinnen und Ohrwürmer, Springschwänze und Käfer verbergen sich unter dem Papier. Du kannst mühelos eine ganze Anzahl typischer Arten kennenlernen, wenn du ein Gläschen mit einem in Essigäther getränkten Wattebausch bei dir führst und die Tiere dort hineintust. Sie sterben schnell und schmerzlos, behalten aber vor allem die Weichheit ihrer Glieder, was nicht der Fall wäre, wenn du Schwefeläther verwendetest. Zu Hause wird bestimmt. In Alkohol kannst du diejenigen Exemplare, die du aufheben willst, konservieren. Wenn du an Hand vieler hundert Funde – wobei du die Tiere, die du inzwischen genau kennst, nicht mehr zu töten und mitzunehmen brauchst – eine Liste aller Vorkommnisse zusammengestellt hast, ist dir eine zwar enge, aber sehr typische Lebensgemeinschaft vertraut geworden. Bist du sorgfältig beim Sammeln und Bestimmen gewesen, hast dich in denjenigen Fällen, wo du nicht weiterkamst, an Spezialisten gewandt und traust dir ein sicheres Urteil für regelmäßig und für gelegentlich anzutreffende Bewohner dieser flachen Papierzelte zu, so kannst du guten Gewissens eine Notiz über die Fauna der Anschlagzettel veröffentlichen.

Doch das Veröffentlichen ist für dich weniger wichtig als die eigene Kenntnisbereicherung. Du findest unter deinen Zetteln am Vorstadtzaun auch allerlei Larven, die dir unbekannt sind. Nimm sie lebend mit und versuche, sie in Gläsern oder Fliegengazekäfigen durchzubringen bis zur Puppenruhe. Eines Tages überrascht dich das Vollinsekt. Gerade die Kenntnis vieler Insektenlarven ist noch außerordentlich lückenhaft. Wenn du die Larven sorgsam zeichnest und das ausgeschlüpfte Vollinsekt – die Imago, wie man es wissenschaftlich nennt – bestimmst, kannst du unter Umständen nicht nur deine eigene Kenntnis, sondern auch die allgemeine bereichern. Nimm den Humus und feuchten Müll, der in Höhlungen morscher Bäume oder zerbröckelnder Mauern zu finden ist, ebenfalls mit. Auch darin wimmelt es von Getier. Wer weiß, was aus den Käferlarven, die du mit der Pinzette oder einem angefeuchteten Pinsel daraus hervorliest, entstehen mag!

Bei dieser Gelegenheit soll dir gesagt sein, daß du nichts leichter überwindest als den Ekel. Laß dich nicht abschrecken von der Betrachtung und Untersuchung der vielen Käfer, die um den Kadaver einer Katze wimmeln. Dreh die Leiche um, darunter lebt noch viel mehr Interessantes. Ich würde dir empfehlen, schneide der toten Katze auch noch den Kopf ab, koche ihn zu Hause eine Stunde lang und skelettiere ihn dann. Den fertigen Schädel, der von allem Fleisch befreit ist, lege zum Bleichen in eine Wasserstoffsuperoxydlösung und stelle ihn dann auf deinen Arbeitstisch, um an Hand eines Lehrbuchs den Bau eines Säugetierschädels kennenzulernen. Aber wenn du das nicht willst, so geh zumindest nicht an den Käfern vorüber, die von der Leiche angelockt wurden.

Ist dein Gefühl für Ekel besonders stark ausgeprägt, so ist das ein Grund mehr, die Lebensgemeinschaft um die tote Katze zu studieren. Wo wir unsere größten Widerstände spüren, liegen meist unsere wichtigsten Aufgaben. Der Mondforscher Mädler ekelte sich als Knabe heftigst vor Spinnen. Als er seinem Vater eröffnete, er wolle später einmal Naturforscher werden, sagte ihm der um die Zukunft seines Sohnes besorgte Vater, ein Naturforscher müsse Spinnen essen können. Kurz darauf biß der Knabe in ein mit Spinnen dick belegtes Butterbrot. So brauchst du es nicht zu machen, aber es sei dir verraten, daß es noch nicht allzuviel gute und genaue Kenner der Leichenfauna gibt. Lockt dich das nicht?

Natürlich hast du bei deinen Abendspaziergängen eine Taschenlampe zur Hand. Von Zeit zu Zeit einen Baum im Park anzuleuchten, ist immer ratsam. An den Wunden der Bäume, aus denen ein rasch gärender Saft tritt, sammeln sich die Zecher unter den Insekten. Schmetterlingssammler wissen solche Stellen zu schätzen, und wo unverletzte Bäume stehen, ködern sie ihre Tiere an, indem sie ein künstlich hergestelltes Berauschungsgetränk über die Rinde streichen.

Du kommst durch einen Park mit alten Eichen. Die Sonne ist untergegangen, im Dämmerblau der späten Sommerstunde ist nichts mehr zu erkennen an Einzelheiten auf der rissigen Rinde. Aber wenn deine Taschenlampe aufleuchtet, liegt ein helles Rund vor dir, innerhalb dessen dir kein Getier entgeht. Während du auf Spinnen oder kleinere Schmetterlinge achtest, schrickst du zusammen vor freudigem Erstaunen. Ein riesiger Käfer sitzt am Stamm, mit gewaltigen Fühlern, die wie Hörner eines phantastischen Ziegenbocks in den Raum ragen. Du greifst zu, und abermals vernimmst du ein deutliches Zirpen. Der Riesenbockkäfer, den du gefangen hast, vermag wie das Lilienhähnchen Schrillgeräusche zu erzeugen. Sieh dich nun um, überall im Baum sind fingerdicke Löcher, und dort, wo die Wurzeln sich in die Erde krampfen, liegt bräunliches Bohrmehl in reichlicher Menge am Boden. Jetzt weißt du, wo der Käfer herkommt und wo seine Larven leben.

Verrate niemand den Park, in dem du den Riesenbock fandest. Er ist nicht so häufig, daß sich die Käfersammler auf den neuen Fundort stürzen und ihn veröden dürften. Sammelst du selbst Käfer? Dann nimm ein Pärchen mit, es wird zu den Glanzstücken deiner Sammlung gehören. Oder widerstrebt es dir, dich mit totem Getier zu umgeben? Nimm dennoch ein Pärchen mit, aber lebendig. Du kannst in einem geräumigen Glase die metallisch schillernden Kerfe gefangen halten und sie mit Obstsaft oder Zuckerwasser ernähren, bis du genügend ihre Bewegungen und ihr Benehmen studiert hast. Dann trag sie zurück zum Park, oder suche besser noch einen anderen Park mit altem Eichenbestand aus, um ihnen die Freiheit wiederzugeben.

Auch eine Grille – die du nicht mit den Heuschrecken verwechseln darfst – kannst du vorübergehend in deiner Wohnung beherbergen. Grillen leben auf fast jeder Sommerwiese. Sie geigen nicht, sondern zirpen scharf und schrill. Das schilfernde Geräusch der Heuschrecken hört sich nicht nur anders an, sondern wird auch auf andere Weise zuwege gebracht. Ich könnte dir mit wenigen Worten sagen wie, aber hier mag dein eigenes Beobachten einsetzen. Wenn du abends an Wiesen vorübergehst, um den Alltag abzuschütteln und die letzte Sonne zu trinken, fang dir mit einiger Geschicklichkeit ein paar der kleinen Heuhüpfer, nimm sie mit und schau ihnen daheim zu, wenn sie im Glase zu musizieren beginnen. Sehr bald weißt du, wie sie den Klang zustande bringen. Eine Grille zu fangen, ist weniger einfach. Sowie du dich dem Orte näherst, an dem sie zirpt, verschwindet sie in ihrem Loch. Du mußt das Tier regelrecht belauern, damit es wieder hervorkommt und weiterschrillt, denn nur dem Laut folgend, wirst du des Loches ansichtig, in dem das Tier endgültig verschwindet, sobald du ihm allzu nahe bist. Nun reiß einen Grashalm aus und führe ihn in das Loch ein. Sofort kommt die Grille angriffslustig hervor und du kannst sie fangen. Daheim zirpt sie, besonders des Nachts, laut und energisch weiter, so daß es durch die Glaswände ihres Gefängnisses, in dem du sie mit Mehl, Mohrrübenscheibchen und Obst füttern kannst, hindurchdringt bis in dein Schlafzimmer. Jetzt kannst du, bei Tage oder in schlaflosen Nächten, beobachten, wie das Tier seine Musik hervorruft.

Eine Grille ist auch nicht peinlicher anzuhören als ein Kanarienvogel oder ein Lautsprecher. In mongolischen Ländern hält man Grillen in winzigen Käfigen musizierenshalber. Sei also einmal ein wenig Mongole. Das Kanariengetriller steht dem Herzen der Schöpfung nicht näher als die Monotonie des Grillenliedes. Der Mystiker Angelus Silesius sagt in herrlichstem Barockdeutsch:

Gott giebet grad so gut
auf das Koaxen acht,
als auf das Tiriliern
das ihm die Lerche macht.

Das »Koaxen« der Frösche hat ebenfalls seinen Reiz. Hast du dich einmal im endlosen Sumpfgelände verlaufen, wenn die Dunkelheit immer bedrohlicher hereinbrach und das Quaken von tausend und abertausend Fröschen das gesamte Weltall zu erfüllen schien? Sich im Sumpf verlaufen zu haben, ist ein Lebensgewinn – wenn man endlich wieder draußen ist. Dann begreift man erst die Dämonie dieser Kaltblütler, deren Liebesraserei eine ganz unheimliche ist. Frösche zerfetzen bei der Begattungsumklammerung nicht nur oft genug ihr Weibchen, sie klammern sich auch an anderen Männchen fest, sogar an Karpfen, denen sie die Kiemen zudrücken, an Treibholz, schwimmenden Flaschen und anderen Ersatzpartnern. Wenn du zur Paarungszeit den großen Teichfrosch fangen willst, kann es dir passieren, daß du ein Pärchen während des Begattungsaktes ins Netz bekommst und daß dann, beim Nachschauen, einer der Frösche davonspringt. Du bist froh, wenigstens noch einen im Netz zu wissen, findest aber drei darin.

So sind die Frösche! Ihre Begattung besteht übrigens ausschließlich in dem wütenden Festklammern des Männchens auf dem Weibchen. Das dauert geraume Zeit, bis der Druck der männlichen Daumenschwielen den gallertigen Laich aus dem Weibchen herausgepreßt hat und in diesem Augenblick die Besamung erfolgt. Es versteht sich ja von selbst, daß du im Frühjahr solche Froschlaichballen mitnimmst aus Tümpel und Graben, um sie in dein Aquarium zu legen. Das Ausschlüpfen und die Umwandlung der Kaulquappen ist zwar bekannt, aber immer wieder eins der reizvollsten Schauspiele der heimatlichen Natur.

Wenn du die Jungfröschlein, die das Ergebnis dieses Umwandlungsprozesses sind, mit Stubenfliegen fütterst, so sieh dir die Fliegen erst einmal an. Insekten sind Vierflügler. Bei den Käfern ist das eine Flügelpaar zu Deckflügeln geworden, unter denen die eigentlichen, die Hautflügel, geschützt in zusammengefaltetem Zustand liegen. Wie ist es aber mit den Fliegen? Die haben doch nur zwei Flügel?

Rasch eine Biene zum Vergleich fangen! Die hat auch nur zwei Flügel. Wirklich? Sieh genau hin: Sie hat natürlich vier Flügel, aber die beiden Flügelpaare sind mittels einer feinen Häkchenleiste aneinandergeheftet, so daß der Eindruck einer Zweiflügligkeit entsteht. Die Biene hat versucht, zu stechen, aber da du sie mit der Pinzette festhieltest, ist ihr das nicht gelungen. Allerdings wäre dir deine Beobachtung zur Not auch einen Bienenstich wert gewesen. Er ist ja nicht gefährlich, es sei denn, daß er in Zunge oder Speiseröhre gerät, was bei unvorsichtigem Obstessen und versehentlichem Verschlukken einer Biene oder Wespe zuweilen vorkommt. Dann schwillt das gestochene Organ in beängstigender Weise an und überantwortet den so Verunglückten dem Erstickungstod. Ein sehr rasches ärztliches Eingreifen mittels Omnadineinspritzung kann noch Rettung bringen.

Die Biene ist Vierflügler, aber die Fliege besitzt – wie die Mücke – wahrhaftig nur ein einziges Flügelpaar. Siehst du genau hin, so entdeckst du hinter den Flügeln zwei schwarze Kölbchen, die Reste des zweiten Flügelpaares darstellen. Werden die beiden Kölbchen, die beim Flug heftig schwirren und deshalb Schwingkölbchen genannt werden, ausgerissen, so kann die Fliege trotz der Unversehrtheit ihres richtigen Flügelpaares nicht mehr fliegen. Die Schwingkölbchen wurden als Balanceinstrumente gedeutet, sind aber wahrscheinlich Stimulationsapparate für das Nervensystem, die dem Tier durch ihre Vibration Energie für den Flug zuführen.

Während du jetzt die Stubenfliege den Fröschen reichst, darfst du dir Gedanken über das Werden der Arten machen. Du hast sicher davon gehört, daß es eine Fliegenart, die Taufliege Drosophila, gibt, mit der Tausende von Versuchen auf vererbungswissenschaftlichem Gebiet angestellt wurden. Durch Bestrahlung und andere Erschütterungen des Erbgefüges hat man aus dieser Fliegenart erbfeste Abwandlungen aller

Art hergestellt, sogenannte Mutationen. Es gab dann Drosophila-Fliegen ohne Flügel, mit anderen Körper- und Augenfarben, verkrüppelte und verkrümmte Formen, alles mögliche, nur nie eine neue Art. Die überwiegende Mehrzahl solcher Mutationen sind Verlustmutationen, das heißt es wurde das Erbgefüge des Tieres geschädigt. Niemals aber – auch nicht bei dem sensationellen Auftreten eines zweiten Flügelpaars – konnte irgend etwas an Eigenschaften aus den Versuchstieren hervorgeholt werden, das nicht verborgen darin lag. Ist das nicht selbstverständlich? Gewiß. Die Art bleibt stets dieselbe, obgleich sie mannigfach variiert. Was nicht in den – oft verborgenen – Möglichkeiten ihres arteigenen Protoplasmas liegt, kann nicht hineingezaubert werden. Das wußte schon Linné. Wir wissen es wieder. Ein halbes Jahrhundert hatte es vergessen. –

So besitzt du die Schöpfung immer in nächster Nähe und kannst sie beobachten, befragen, durchdenken. Ein paar Bücher, eine Lupe, ein Notizbuch und Gefäße zum Unterbringen gefangener Tiere sind alles, was du brauchst. Jeder Junge kann dich belehren, wenn du besondere Fangmethoden kennenlernen willst. Verachte die Jungen nicht! Am Kanal fangen sie Krebse, indem sie einen Stock unten ein Stück weit spalten, in den Spalt ein Hölzchen klemmen, damit er klafft, und diese Gabel behutsam über den Rückenpanzer des Krebses drücken, der nun festgehalten wird und so aus dem Wasser geholt werden kann. Das will gelernt sein. Scheust du die Mühe, dann schenke den Jungen ein paar Pfennige und laß dir dafür einen Krebs aus dem Wasser aufgabeln.

Krebse sind in Aquarien ohne Durchlüftung schwer zu halten. Aber für ein paar Tage in der flach mit Wasser gefüllten Badewanne geht es. Du sollst ja nur sehen, wie die jungen Krebschen rosa und zart auf der Unterseite des mütterlichen Hinterleibes angeklammert zwischen den verkümmerten Afterfüßen sitzen, während – wie du dich erinnerst – die jungen Asseln gerade zwischen den vorderen Schreitfüßen, und zwar im Gegensatz zum Flußkrebs in einem Brutbeutel, leben. Selbst wenn du kein Weibchen mit Jungen in deiner Badewanne hast, gibt es mancherlei zu beobachten. Das ruckartige Fortschwimmen des Krebses, indem er den Schwanz pfeilschnell unter den Bauch klappt, ist nicht minder interessant als sein Häutungsmanöver, als dessen Ergebnis eines Tages die alte, zu eng gewordene Haut als voll zusammenhängendes Kleid in deiner Badewanne liegt.

Auch wenn du keine Lust hast, dir ein paar Flußkrebse in der Badewanne zu halten, habe ich einen Vorschlag für dich: Koch dir die Tiere und iß sie auf. Nicht etwa auf die sadistische Art, die veraltete Kochbücher empfehlen, indem du sie kalt aufsetzt oder ihnen gar den Darm aus dem lebendigen Leibe reißt, sondern indem du sie rasch in kochendes Wasser wirfst. Nun werden sie krebsrot. Auch hier entsteht nicht etwa eine neue Eigenschaft, sondern wie immer tritt lediglich eine verborgene hervor, denn die ursprüngliche Krebsfarbe war eine zusammengesetzte, deren Farbstoffe bis auf den roten vom kochenden Wasser zerstört wurden. Während du nun ans Verzehren der Tiere gehst, beachte ihre Anatomie. Wo vermutest du die Kiemen? Wo den Magen? Was sind das für zwei weiße Gebilde, die aus dem Innern hervorkommen und wie Steine anmuten?

Letzteres will ich dir verraten: Es sind die sogenannten Krebssteine, zwei aus kohlensaurem Kalk bestehende Körperchen, die der Flußkrebs im Sommer in zwei Aussackungen der Magenwand trägt und deren Kalk er nach der Häutung aufbraucht zur Herstellung eines neuen, kräftigen Panzers. Diese Krebssteine spielten in der als abergläubisch und unwissenschaftlich verschrienen Volksmedizin eine große Rolle. Heute arbeitet man in der Heilkunst wieder weitgehend mit »Kalktherapie«, aber die hat natürlich nicht das mindeste mit den Krebssteinen zu tun, sondern mit den hochwertigen Erzeugnissen der pharmazeutischen Industrie. So kann dich der Flußkrebs das Lächeln lehren.

Anatomische Gedanken beim Essen dürfen dir nie den Appetit verderben. Ich aß kurz vor meinem Doktorexamen einmal Spitzbein, um bei dieser Gelegenheit meine Kenntnis der Fußknochen zu überprüfen und aufzufrischen. Es hat genau so gut geschmeckt wie sonst – und niemals habe ich Darmzotten besser demonstriert gesehen als beim Verzehren von Königsberger Fleck.

Auch auf Märkten kannst du viel lernen. Der Thunfisch, den du dort zu kaufen bekommst, ist in Wahrheit Katzenhai. Das darfst du der Händlerin nicht anvertrauen, aber du selbst kannst schönste Muskelbündel und die typischen Haifischwirbel studieren, wenn du ein Weilchen stehenbleibst. Die Fische sind ganz ursprungsnahe Wirbeltiere, und wenn es dich drängt, einmal über das Zentralnervensystem der Wirbeltiere etwas zu erfahren, so kaufe dir eine Rotfeder oder einen Schlei und lege zu Hause deren Gehirn frei. Du siehst auf diese Weise alle Hirnabschnitte klar hintereinander liegen, gewinnst Verständnis für den Bau des Lurch-, Reptilien-, Vogel- und Säugetiergehirns und hast außerdem ein wenig Abwechslung beim Abendbrot, denn ein gebratener Fisch mit Pommes frites ist selbst dann nicht zu verachten, wenn man sein Gehirn etwas besser kennt als andere Esser.

Es bietet sich dir überall Material in Fülle dar. Auch im Winter. Die Wohnungsschädlinge bleiben dir selbst dann treu, wenn draußen Schnee liegt und du am Fenster Strindbergs Durchforschung der Eisblumenflora wiederholen kannst. Ist es dir gar zu einsam, so erlaubt dir dein Bäcker gewiß, ihm einige Küchenschaben aus der Backstube zu entführen. An der Küchenschabe kannst du Insektenanatomie lernen wie an keinem zweiten Objekt. Und wenn du das nicht magst, so setze dich bei Tee oder Grog in die Sofaecke und lies im Brehm, vor allem aber betrachte die Bilder darin. Wenn dir auffällt, daß die Menschenaffen im Gegensatz zum Menschen kein Gesäß haben, ist dir schon viel aufgefallen. Das ist eine Beobachtung, die über Werden und Wesen des Menschen mehr aussagt als die gesamte Zuchtwahllehre. Und wenn dir ferner auffällt, daß der Mensch gerade dort behaart ist, wo der Menschenaffe kahl ist, und umgekehrt, so darfst du dich eines wachen Blickes rühmen. Lege diese Tatsachen einmal fragend dem Wanderredner der Affenabstammungsreligion vor – und dann warte auf seine Antwort. Das ist auch Naturforschung im Alltag!

Im übrigen aber sei lieber bei den kleinen Tieren zu Gaste als im Fortbildungsbetrieb der großen Städte. Je mehr du gesehen hast, desto weniger braucht dir gesagt zu werden, und je klüger du zu fragen verstehst, desto besser durchschaust du dumme Antworten. Die Natur selbst antwortet niemals dumm, sie ist immer herrlich wie am ersten Tag, nicht nur in der wilden weiten Welt, sondern auch in deinem Zimmer, auch in der Spinne, die sich auf dein Buch niederläßt und dir mehr, viel mehr berichten kann als dieses Buch selber, das von dir Abschied nimmt.